यात्रा-संस्मरण

# हर बारिश में

## लेखक की कृतियाँ

### कहानी-संग्रह

परिन्दे (1959), जलती झाड़ी (1965), पिछली गर्मियों में (1968), बीच बहस में (1973), कव्वे और काला पानी (1983), प्रतिनिधि कहानियाँ (1988), सूखा तथा अन्य कहानियाँ (1995), थिगलियाँ (2024)

### उपन्यास

वे दिन (1964), लाल टीन की छत (1974), एक चिथड़ा सुख (1979), रात का रिपोर्टर (1989), अन्तिम अरण्य (2000)

### यात्रा-संस्मरण/डायरी

चीड़ों पर चाँदनी (1963), हर बारिश में (1970), धुंध से उठती धुन (1997)

### निबन्ध/व्याख्यान

शब्द और स्मृति (1976), कला का जोखिम (1981), ढलान से उतरते हुए (1985), भारत और यूरोप : प्रतिश्रुति के क्षेत्र (1991), इतिहास स्मृति आकांक्षा (1991), शताब्दी के ढलते वर्षों में (संचयन, 1995), दूसरे शब्दों में (1997), आदि, अन्त और आरम्भ (2001), साहित्य का आत्म-सत्य (2006), सर्जना पथ के सहयात्री (2006)

### नाटक

तीन एकान्त (1976)

### अनुवाद

पराजय : अलेक्सांद्र फेदेयेव (1954), बचपन : टॉल्स्टॉय (1954), कुप्रिन की कहानियाँ : अलेक्सांद्र कुप्रिन (1955), रोमियो जूलियट और अँधेरा : यान ओत्चानाशेक (1964), खेल-खेल में : चेक कहानियाँ (1966), इतने बड़े धब्बे : चेक कहानियाँ (1966), झोंपड़ीवाले और अन्य कहानियाँ : मिहाइल सदौवेन्यु (1966), कारेल चापेक की कहानियाँ (1966), बाहर और परे : इर्षी फ्रीड (1967), आर.यू.आर. : कारेल चापेक (1972), एमेके : एक गाथा : जोसेफ़ श्कवोरेस्की (1973)

### पत्र

प्रिय राम, प्रिय निर्मल (2006), देहरी पर पत्र (2009), चिट्ठियों के दिन (2009)

### साक्षात्कार

संसार में निर्मल वर्मा (2006)

### संचयन

दूसरी दुनिया (1978)

# हर बारिश में

निर्मल वर्मा

राजकमल प्रकाशन

पहली बार राधाकृष्ण प्रकाशन से 1970 में प्रकाशित

ISBN : 978-93-6086-329-6

**मूल्य :** ₹795



**पुनर्नवा संस्करण :** मई, 2024

**प्रकाशक :** राजकमल प्रकाशन प्रा. लि.
1-बी, नेताजी सुभाष मार्ग, दरियागंज
नई दिल्ली-110 002

**शाखाएँ :** अशोक राजपथ, साइंस कॉलेज के सामने, पटना-800 006
पहली मंजिल, दरबारी बिल्डिंग, महात्मा गांधी मार्ग, प्रयागराज-211 001
1, अनमोल सोराबजी सन्तुक लेन, धोबी तलाव, मरीन लाइंस, मुम्बई-400 002

वेबसाइट : www.rajkamalprakashan.com
ई-मेल : info@rajkamalprakashan.com

**मुद्रक :** विकास कंप्यूटर एंड प्रिंटर्स
ट्रॉनिका सिटी-201 102

HAR BARISH MEIN
*Travel Memoirs by* Nirmal Verma

*Why is liberty valuable? Because it is an end in itself, because it is what it is. To bring it as a sacrifice to something else is simply to perform an act of human sacrifice.*

**—Alexander Herzen**

...मैं चाहता हूँ
हर बारिश में भीगूँ
रोज़ ओस से तर हो जाऊँ

**—एमे सेज़ार**

# क्रम


*दस वर्ष बाद* 13

केन्द्रीय मानवीय स्थिति 17
दो संस्कृतियों के बीच 23
यूरोप में भारतीय 38
अंग्रेज़ों की खोज में 51
अँधेरे में एक चीख़ 69
प्राग का आधुनिक रंगमंच 74
प्राग : एक स्वप्न 84
अँधेरे के ख़िलाफ़ 95
परम्परा और प्रतिबद्धता : एक बातचीत 114
रॉब्ब ग्रिये के साथ : एक शाम 137
सौन्दर्य की छायाएँ 147

# हर बारिश में

# दस वर्ष बाद

अपने दूसरे यूरोप-प्रवास के दौरान मुझे संयोगवश कुछ ऐसे शहरों में रहना पड़ा, जहाँ अपनी आँखों से मुझे इतिहास को—किताबों में नहीं—गली-सड़कों पर लोगों के चेहरों पर देखना पड़ा। यह इतिहास से मेरी पहली, नंगी, भयावह मुठभेड़ थी। पहली बार मुझे पता चला कि अख़बार की सुर्ख़ियों और सेमिनारों की वातानुकूलित बहसों से बाहर इतिहास का चेहरा कितना यातनामय, उदास, भयानक, बीभत्स और नेत्रहीन हो सकता है। वहाँ सत्य और असत्य के लिए कोई गुंजाइश नहीं—टैंकों के यथार्थ और लोगों के आँसुओं के बीच जो रेखा खींची जाती है, उसे केवल बरसों बाद पहचाना जाता है।

पहचानने की इस पीड़ित, दुर्गम यात्रा में उन दिनों मैंने जो कुछ लिखा, उसे न रूढ़ अर्थों में निबन्ध कहा जा सकता है, न यात्रा-संस्मरण—वह कुछ ऐसा था, जो मुक्त-भाव से दोनों की सीमाओं को छूता था। उनमें निबन्धों का सोच-चिन्तन अवश्य था किन्तु कोई उपलब्धि का भाव न था,

जो किसी शान्त बिन्दु पर पहुँचकर समाधान इंगित करता है; दूसरी तरफ़, ठीक यूरोप के बीच लिखने के कारण उन लेखों में एक 'यात्रा की गंध अवश्य आती थी किन्तु उनका सम्बन्ध ऐसी ऊपरी प्रतिक्रियाओं से नहीं था, जो नगर-नगर घूमते हुए हम झोली में इकट्ठा करते हैं; मेरा उद्देश्य सिर्फ़ यह नहीं था कि मैंने जो प्राग या लन्दन में देखा, उसका लेखा-जोखा दूँ बल्कि लालसा यह भी थी कि उन अधकचरे, अनपके, छटपटाते अनुभवों को एक ऐसे तात्कालिक ख़तरे के पैटर्न में बाँध सकूँ, जिसे मैंने बीसवीं शती के भीतर धड़कते हुए सुना था, मुझे लगा था कि प्राग के वसन्त और पेरिस के बेरीकेडों में यूरोप की संकटग्रस्त संस्कृति ने आख़िरी बार अपने को मुक्त करने के लिए पंख फड़फड़ाए थे—मैंने तब सोचा भी न था कि कुछ वर्षों बाद स्वयं मेरे देश में जागरण और मुक्ति की पुकार 'सम्पूर्ण क्रान्ति' के देशव्यापी आन्दोलन में सुनाई देगी। ध्यान से देखें तो '68 के आसपास जगने वाली यूरोपीय आकांक्षा और भारतीय-जन के स्वप्नों में कोई मूलभूत अन्तर न था। दोनों ही एक विराट सांस्कृतिक संकट की छाया में उन्मेषित हुए थे।

यह संकट क्या है, हम कितना इसमें धँसे हैं और कैसे उबर सकते हैं, 'हर बारिश में' के निबन्ध एक हद तक, बहुत धुँधले ढंग से इन प्रश्नों से टकराते हैं। मैं 'धुँधला' शब्द जानबूझकर इस्तेमाल कर रहा हूँ क्योंकि उस समय मैं अपनी शंकाओं और दुविधाओं की एक ऐसी ज़मीन पर चल रहा था, जहाँ मुझे अपने विश्वासों की कोई दिशा दिखाई नहीं देती थी। 'हर बारिश में' के निबन्ध सार्वजनिक शंकाओं के अँधेरे और निपट वैयक्तिक अलगाव में लिखे गए थे। इस दृष्टि से वह मेरी पहली यात्रा-पुस्तक 'चीड़ों पर चाँदनी' से बहुत भिन्न है, जिसमें मैंने भोले उल्लास में पहली बार यूरोप की संस्कृति को चखा था, वहाँ भोगने का सुख था, शंका करने की गुंजाइश नहीं थी। दूसरे छोर पर इस पुस्तक में 'शब्द और स्मृति' के निबन्धों की वह पहुँच नहीं है, जिस बिन्दु पर

गुफा के अँधेरे से कुछ दूर पर रोशनी की किरण दिखाई देती है, फिर चाहे यह रोशनी बीच के अँधेरे से कहीं ज़्यादा क्रूर और पथरीली ही क्यों न हो। 'हर बारिश में' एक बीच की कड़ी है—जहाँ न भोग का सुख है, न समाधान का निश्चय—केवल एक अनुभव की कड़ी, जिस पर एक ख़ास ऐतिहासिक लम्हे से जुड़े मेरे स्मृति-चित्र टँगे हैं।

यही शायद इन्हें आज एक निजी अर्थ देते हैं। दूसरों के लिए वे कितने दिलचस्प या—यदि एक बोझिल गम्भीर शब्द प्रयोग करूँ—प्रासंगिक होंगे, मुझे नहीं मालूम। इनकी अगर कोई प्रासंगिकता है तो वह रास्ता टटोलने की है, दिशा पाने की नहीं। आज दस वर्ष बाद मेरे लिए 'पश्चिमी संस्कृति का संकट' कोई बाहर की बीमारी नहीं है, जिससे पल्ला झाड़कर मैं अपनी पवित्र और शाश्वत परम्परा में सुरक्षित रह सकूँ, न ही भारतीय संस्कृति सिर्फ़ मेरे संस्कारों की उपज है, जिसका दूसरों से कोई वास्ता नहीं। दोनों के बीच चलते हुए मैंने एक भारतीय लेखक की हैसियत से अपने लेखन की नियति को पहचानने की कोशिश की है। शायद यह पुस्तक इस कोशिश की अनिश्चित, अँधेरे में टटोलती अँगुलियों की छाप से ज़्यादा कुछ नहीं—लेकिन यह भी क्या कम है?

कुछ किताबें लेखक की यात्रा में सिर्फ़ 'बीच का स्टेशन' होती हैं; कुछ मिनट ठहरकर हम आगे चल देते हैं। बरसों बाद जब हम पीछे मुड़कर देखते हैं, तो ये चन्द ठिठके हुए बिचौले क्षण बहुत स्मरणीय जान पड़ते हैं। रेल की खिड़की से देखा हुआ लैंडस्केप सहसा आलोकित हो उठता है। मेरे लिए 'हर बारिश में' संगृहीत लेख कुछ ऐसी ही याद उजागर करते हैं।

**—निर्मल वर्मा**

नई दिल्ली
27 सितम्बर, 1980

# केन्द्रीय मानवीय स्थिति

अपने सृजनात्मक स्वप्न का अनुकरण करते हुए कोई भी चीज़ पवित्र नहीं होती—जब तक यह दुस्साहस लेखक में नहीं आता, वह कॉक्त्यु के शब्दों में 'साहित्यिक' भले ही बन जाए, कलाकार नहीं हो पाता।

इस सन्दर्भ में मुझे अनायास अपने ही देश के एक लेखक के शब्द याद हो आते हैं। बंगाल कला-शैली की छद्म भारतीयता पर हल्के-से व्यंग्य करते हुए रवीन्द्रनाथ ठाकुर ने एक बार कहा था : "सौभाग्यवश प्राचीनकाल में ऐसे कला-आलोचक मौजूद नहीं थे, जो बार-बार कलाकार को कुहनी मारकर यह उपदेश देते हों कि उन्हें अपनी प्रेरणा किस जगह से प्राप्त करनी चाहिए और किस जगह से नहीं। न ही हमारे कलाकारों को ठोंक-पीटकर इन शब्दों से आतंकित किया जाता था कि वे भारतीय हैं...परिणामस्वरूप हर कलाकार को सहज रूप से भारतीय होने की स्वच्छन्दता थी...क्योंकि कला एकाकी पथिक है, अनेक प्रभावों को ग्रहण करती हुई, किन्तु किसी भी वर्गीकरण अथवा कठघरेपन से सर्वथा मुक्त।"

'सहज रूप से भारतीय हो पाना'—मेरी दृष्टि में यह एक महत्त्वपूर्ण सत्य है। मैं सिर्फ़ इसमें एक बात और जोड़ना चाहूँगा कि इस सत्य की उपलब्धि वही कलाकार कर सके हैं जिन्होंने अपने सृजनात्मक 'एडवेंचर' में 'भारतीयता' का अतिक्रमण करने की भी जोखिम उठाई है। आधुनिकता यदि वह महज़ दिखावा नहीं है—भारतीयता या अभारतीयता में निहित नहीं है, वह सब भ्रान्तियों से मुक्त होकर सिर्फ़ अपने सत्य की खोज का दूसरा रूप है। यदि 'खोज' की इस यात्रा में कोई व्यक्ति तुलसीदास की अपेक्षा टॉल्स्टॉय को अपनी आत्मा और संवेदना के अधिक निकट पाता है तो वह महज़ एक को इसलिए स्वीकार नहीं कर सकेगा कि वह भारतीय है और दूसरे को महज़ विदेशी कहकर त्याज्य नहीं मानेगा। यहाँ 'परम्परा' का प्रश्न ही अप्रासंगिक हो जाता है। एक बार इसे पहचान लेने पर हम अपने को उस 'शव' से मुक्त कर सकेंगे, जिसे आज तक हम 'जातीयता' के नाम पर अपनी पीठ पर ढोते आ रहे हैं।

आज के भारतीय कलाकार की सबसे बड़ी विडम्बना ही यह रही है कि वह आज तक अपने को 'भारतीयता' की भ्रान्ति से छुटकारा नहीं दिला सका है—न केवल सामाजिक व्यवहार में, बल्कि संस्कृति में भी हम 'वर्ण व्यवस्था' का समर्थन करने लगे हैं (जो पहले कभी नहीं होता था) वरना विदेशी या पश्चिमी आधुनिकता से हम इतनी जल्दी संत्रस्त न हो जाते। यह आकस्मिक नहीं है कि उन्नीसवीं शताब्दी से लेकर—जब बंगाल में 'नवजागरण' का आन्दोलन शुरू हुआ—आज के फ़िल्म-युग तक, वही भारतीय अपने क्षेत्रों में कुछ महत्त्वपूर्ण उपलब्धि कर सके हैं, जिन्होंने सब दकियानूसी विरोधों को सहकर 'भारतीयता' का अतिक्रमण करने का साहस दिखाया है। वे चाहे राजा राममोहन राय के सामाजिक सुधार हों, अथवा रवीन्द्रनाथ के भाषा-सम्बन्धी प्रयोग...आश्चर्य नहीं, उन सब पर एक ही आरोप लगाया जाता था कि वे भारतीय संस्कृति पर 'विदेशीपन' थोप रहे हैं। यह आरोप नया नहीं है।

हम भारतीयों की इस आत्मतुष्टि और आत्मविडम्बना के गहरे ऐतिहासिक कारण हैं। जिस स्वतंत्र व्यक्ति का जन्म यूरोप में 'रेनासाँ' के दौरान हुआ था, उसकी परिकल्पना भारत के अर्द्ध-सामन्तवादी समाज में असम्भव लगती है। हम अपनी 'आधुनिकता' के बावजूद आज भी एक ऐसे समूह के अंग हैं, जिसकी जीवन्त शक्ति शताब्दियों पहले नष्ट हो चुकी है। इसलिए मुझे काफ़ी विस्मय होता है जब हिन्दी के कुछ प्रगतिशील लेखक पश्चिम की ह्रासोन्मुख प्रवृत्तियों की चर्चा करते नहीं थकते, जबकि वस्तुस्थिति यह है कि यदि दुनिया में अमानुषिकता और ह्रासोन्मुखता का सजीव साक्षात्कार करना हो, तो वह अपनी सम्पूर्ण बीभत्सता के संग उस समाज में मौजूद है, जिसे हम 'भारतीय' कहते आए हैं।

चूँकि मानसिक आलस्य और हीन भाव हमें खुली दुनिया में जाने से रोकता है, हम अपने अतीत के अन्धे प्रेतों से चिपके रहना ही अधिक सुविधाजनक समझते हैं...। इस कटु सत्य को निगल नहीं पाते कि सभ्यता के जो जीवन्त तत्त्व सदियों पहले हममें मौजूद थे, इतिहास-चक्र ने उन्हें किन्हीं दूसरे देशों और सभ्यताओं को हस्तान्तरित कर दिया है। एक भारतीय की...विशेष कर एक भारतीय कलाकार की शक्ति उनसे अपने को सम्पृक्त करने में निहित है, भयभीत होकर उनसे मुँह मोड़ने में नहीं। केवल इस रास्ते से ही हम पहली बार उस 'भारतीय आत्मा' को भी सूरज की रोशनी में उबार सकेंगे जिस पर सदियों से झूठी जातीयता और अन्धविश्वासों की राख जमा होती गई है। यह कुछ लोगों को तार्किक असंगति जान पड़े, किन्तु यह सत्य है कि स्वयं अपनी 'जीवन्त आत्मा' को खोजने के लिए भी आज हमें पश्चिम की वैज्ञानिक संस्कृति से गुज़रना होगा। यदि आप 'पाथेर पांचाली' को सही अर्थों में पहली भारतीय फ़िल्म मानते हैं (जो वह है) तो आपको इस तथ्य को भी स्वीकार करना होगा कि उसे बनाने से पूर्व सत्यजित राय ने बरसों

पश्चिम के निर्देशकों की उपलब्धियों का—आइजेंस्टान से लेकर फ़ैलिनी तक—पूरी एक विकसित फ़िल्म परम्परा का गहरा अध्ययन किया था, उससे अपने को सम्पृक्त करने का साहस बटोरा था। बिना आइजेंस्टाइन के सत्यजित राय की कल्पना करना कुछ उतना ही असम्भव लगता है, जितना गौगाँ के अस्तित्व के बिना अमृता शेरगिल की कल्पना करना।

इसमें सन्देह नहीं कि पश्चिमी सभ्यता के अपने अन्तर्विरोध और संकट हैं, किन्तु महत्त्वपूर्ण चीज़ यह है, जिसे मैं यहाँ रेखांकित करना चाहता था (और जिसे हम अक्सर भूल जाते हैं), कि आज का कोई भी कलाकार, चाहे वह फ्रेंच हो या जापानी या भारतीय, अपने को उन अन्तर्विरोधों और संकट से अछूता नहीं रख सकता। इसे यूरोप की 'विशेष स्थिति' कहकर टाला नहीं जा सकता, क्योंकि वह बीसवीं शताब्दी की केन्द्रीय मानवीय स्थिति है, जिसमें कमोबेश सब देशों के कलाकार प्रतिबद्ध हैं।

यदि लॉरेंस ने इसके विरुद्ध विद्रोह किया था तो भी वह उनकी 'प्रतिबद्धता' का एक पहलू था—एक नकारात्मक पहलू। यदि पश्चिम के कुछ कलाकार—आल्डुअस हक्सले या सैलिंजर—इन अन्तर्विरोधों से घबराकर अपनी मुक्ति वेदान्त या बौद्ध धर्म में खोजते हैं, तो इससे हमें यह झूठी सान्त्वना या गर्व प्राप्त नहीं करना चाहिए कि 'मानवीय संकट' का नुस्ख़ा पूर्व के दर्शन में उपलब्ध है : यदि कोई पश्चिमी लेखक वैज्ञानिक सभ्यता के असह्य दबाव से आक्रान्त होकर आपके दर्शन को अफ़ीम की तरह इस्तेमाल करता है, तो उससे न मानवीय स्थिति के अन्तर्विरोधों से छुटकारा मिल सकता है और न ही उससे आपके दर्शन का महत्त्व ही बढ़ जाता है!

मुझे लगता है कि जिस दिन हम अकुंठित भाव से, बिना किसी जातीय दम्भ का सहारा लिये, अपनी सदी के गवाह बन सकेंगे, उसको समस्त पीड़ाओं और अन्तर्विरोधों और सम्भावनाओं समेत,

उस दिन हम सहज रूप से आधुनिक बन सकेंगे—उसी अर्थ में, जिसे रवीन्द्रनाथ ठाकुर ने 'सहज रूप से भारतीय बनना' कहा है। चेतना के इस बिन्दु पर भारतीयता और आधुनिकता में शायद कोई विरोध नहीं रह सकेगा।

तब आधुनिकता उतनी ही अनायास और अनिवार्य हो सकेगी, जितना हवा में साँस लेना...।

अरसा पहले मैं एक आइसलैंडी कलाकार से मिला था। उम्र शायद साठ से ऊपर थी, किन्तु अपनी 'प्रयोगशीलता' में वे अपने देश के सबसे युवा कलाकार जान पड़ते थे। आज भी मैं उन बूढ़े लेकिन युवा कलाकार के शब्द नहीं भूल सका हूँ : "लोग मेरे स्टूडियो में आते हैं। अक्सर मेरी एब्स्ट्रैक्ट मूर्तियों को देखकर उन्हें परेशानी होती है। मैं उन्हें क्या कहूँ? शायद चुप रहना ही बेहतर है। वे मुझे अत्याधुनिक समझते हैं और मैं हूँ, जो आज तक 'आधुनिकता' का अर्थ नहीं समझ पाया।"

वह कुछ देर चुप रहे, फिर अचानक हँसकर बोले, "यही लोग जो स्टूडियो में मेरी एब्स्ट्रैक्ट मूर्तियों को देखकर नाराज़ होते हैं, जाने से पहले मुझसे पूछते हैं, क्या मैं टेलीफ़ोन करके उनके लिए टैक्सी मँगवा सकता हूँ? मुझे काफ़ी दिक़्क़त महसूस होती है, लेकिन उतनी नहीं जितनी उन्हें मेरी कला समझने में। आख़िर दोनों ही तो—टेलीफ़ोन और मेरी मूर्तियाँ—तकनीकी युग की उपज हैं। क्यों उन्हें एक की ज़रूरत महसूस होती है, दूसरे की नहीं?"

उनसे विदा लेने के बाद भी देर तक मुझे उनका अन्तिम वाक्य याद आता रहा। उन्होंने आधुनिक कला के सौन्दर्य या सन्तुलन या सिद्धान्तों की मीमांसा नहीं की, सिर्फ़ उसकी 'ज़रूरत' पर ज़ोर दिया था। और इस अज्ञात आइसलैंडी कलाकार से मिलने के बाद मुझे पहली बार महसूस हुआ कि आधुनिकता, यदि वह एक सिर्फ़ ख़ाली

शब्द नहीं है, आस-पास की हर चीज़ को ऐसे अन्दाज़ से देखने और पहचानने की क्रिया है, जो हमसे पहले किसी पीढ़ी के पास नहीं था। सिर्फ़ देखना-परखना ही काफ़ी नहीं है, उसके लिए एक बिलकुल नये सिरे से जीना ज़रूरी है—एक ऐसे स्तर पर, जहाँ हर निगाह एक खोज है और हर खोज अपने में एक छोटी-सी साहसिकता।

# दो संस्कृतियों के बीच

यूरोप में कुछ वर्ष रहकर अनेक बार मेरे मन में यह प्रश्न उठा है—वे कौन-से तत्त्व हैं, जो किसी देश के 'सांस्कृतिक वातावरण' का निर्माण करते हैं? एक ऐसा अनुशासन जो किसी बाहरी शक्ति, सरकारी संस्थाओं या अकादमियों द्वारा आरोपित नहीं किया जाता, किन्तु जो उतना ही नैसर्गिक और सहज है जितना उस देश का भूगोल और जलवायु। यहाँ मेरा अभिप्राय उस देश की फ़िल्मों, किताबों या नाटकों से उतना नहीं है—हालाँकि ये सब चीज़ें एक देश के सांस्कृतिक वातावरण को रचने में सहायक होती हैं—बल्कि इन ठोस चीज़ों के पीछे छिपी उस अदृश्य और चिरन्तन प्रेरणा से है, जो उस देश के निवासियों का जीवन-पैटर्न और उसके प्रतीकों को आलोकित करती है।

यह सही है, प्राग जैसे अपेक्षाकृत छोटे शहर में—जहाँ मैं रहता हूँ—संस्कृति के लगभग समस्त साधन आसानी से उपलब्ध हो जाते हैं, जो ख़ुद अपने में अद्वितीय अनुभव है—विशेष कर मुझ जैसे एक

भारतीय के लिए, जिसने अपने देश में नाटकों को सिर्फ़ किताबों में पढ़ा है, संगीत को सिर्फ़ रिकॉर्डों में सुना है और अपने प्रिय कलाकारों के चित्र सिर्फ़ अनुकृतियों में देखे। संस्कृति के इस 'हॉट-हाउस' वातावरण से हटकर जब हम सचमुच एक स्वाभाविक रूप से सुसंस्कृत देश में आते हैं (और इस स्तर पर यह प्रश्न अप्रासंगिक है कि वह देश यूरोप के पश्चिम में है या पूर्व में), तब पहली बार हमें 'संस्कृति' का सामना मध्यवर्गीय ड्राइंग रूम से बाहर चलते-फिरते लोगों की जीवन्त प्रतिक्रियाओं में करना पड़ता है—सड़क पर खड़े मकानों की वास्तुकला में उतना ही, जितना उन मकानों में रहनेवाले लोगों के दैनिक रहन-सहन में। यह अनुभव मेरे लिए कुछ वैसा ही था, जैसे ज़िन्दगी-भर काग़ज़ी फूलों के बीच घिरे रहने के बाद सहसा उन फूल-पत्तियों के सम्पर्क में चले आना, जो अपने जीवन के लिए दूसरों पर आश्रित नहीं रहते, ख़ुद अपनी मिट्टी और हवा से अपना रस और गंध खींच लेते हैं। इससे मेरा आशय यह नहीं कि संस्कृति का सायास प्रोत्साहन ग़लत अथवा निरर्थक है। भारत जैसे देश में उसका महत्त्व स्पष्ट ही समझ में आता है—किन्तु संस्कृति का सायास निर्माण उस सीमा तक ही सार्थक प्रतीत होता है, जिस सीमा तक वह निरायास वातावरण तैयार कर सके—आयोजन का सौन्दर्य इसी में है कि हम सहज रूप से आयोजन-कर्ताओं को भूल सकें।

यूरोप में उन्हें भूलना मुश्किल नहीं है, क्योंकि संस्कृति—ख़ास तौर से ऐसी संस्कृति, जो अपने अस्तित्व के लिए व्यापक प्रचार-साधनों पर निर्भर करती है। उसे हम उतनी ही आसानी से ख़रीद सकते हैं, जितना दुकान से साबुन की टिकिया को। हम इस झंझट में नहीं पड़ते कि किसने उसका उत्पादन किया है—शर्त सिर्फ़ इतनी है कि हम उसे ख़रीद सकने में समर्थ हों और वह हमें सन्तुष्ट करने में। उपभोक्ताओं की इस बाज़ारू संस्कृति ने आज धीरे-धीरे उन सब साधनों को अपना लिया है, जो एक समय में 'शुद्ध' अथवा सृजनात्मक संस्कृति के साधन थे—

फ़िल्म, पुस्तकें, टेलीविज़न, थियेटर और संगीत—और चूँकि इन 'दो संस्कृतियों' के अभिव्यक्ति-माध्यम एक ही हैं (एक घटिया जासूसी उपन्यास 'भाषा' पर उतना ही निर्भर है जितना एक उत्कृष्ट कलात्मक उपन्यास), दोनों की सीमाओं पर अक्सर 'स्मगलिंग' का ख़तरा बना रहता है, और उन्हें एक-दूसरे से अलग करके पहचानना भी बहुत आसान नहीं है। किन्तु एक बात बहुत स्पष्ट है—यूरोप के हर देश का सांस्कृतिक वातावरण इन दो संस्कृतियों के शान्तिपूर्ण सह-अस्तित्व पर नहीं, बल्कि एक खिंचे हुए तनाव पर आधारित है। यों तो इस तनाव का असर संस्कृति के हर पहलू पर हुआ है, किन्तु साहित्य पर शायद सबसे अधिक, क्योंकि अन्य माध्यमों की अपेक्षा भाषा सबसे अधिक सेन्सिटिव यंत्र है और संस्कृति के बाज़ारू लेन-देन में उसके भ्रष्ट हो जाने की आशंका भी सबसे अधिक वास्तविक है। ग्रेशम नियम के अनुसार जिस तरह खोटे सिक्के अच्छे सिक्कों को बाज़ार से बाहर धकेल देते हैं, उसी तरह खोटी फ़िल्म या खोटा साहित्य, बहुत हद तक अच्छी फ़िल्मों या अच्छे साहित्य पर हावी हो जाते हैं—और यह ख़तरा केवल पश्चिम में 'स्वतंत्र' देशों तक सीमित नहीं है। पिछले वर्षों में पूर्वी यूरोप के अनेक औद्योगिक देशों में—समाजवादी व्यवस्था के बावजूद—यह तनाव अलग-अलग क्षेत्रों में महसूस किया जा रहा है।

इसका बहुत सजीव उदाहरण एक युवा चेक लेखक वात्सलाव हावेल के नाटक ('द गार्डन पार्टी') में मिलता है, जो तीन वर्ष पूर्व प्राग में खेला गया था। यह नाटक कुछ इने-गिने शब्दों और सूक्तियों पर आधारित है, जो स्तालिनवादी युग में (किन्तु सिर्फ़ उस युग में ही नहीं) बहुत पवित्र और तर्कसंगत समझी जाती थीं। नाटक का नायक इन शब्दों को अपनी व्यक्तिगत सफलता के लिए एक अस्त्र की तरह इस्तेमाल करता है और उन्हें बार-बार दुहराकर सर्वशक्तिमान बन जाता है—किन्तु ग़ौर से देखें तो सर्वशक्तिमान वह नायक नहीं है, बल्कि वे सूक्तियाँ हैं,

जो नारों में बदलकर अपना मूल्य खो देती हैं, किन्तु एक असंगत और दूषित वातावरण में (जहाँ लोग भाषा की वास्तविकता से अधिक नारों की अवास्तविकता में विश्वास रखते हैं) आज भी मूल्यवान हैं। भाषा के क्षेत्र में उनकी खनक चाहे झूठी पड़ गई हो, दुनिया के 'कारोबार' में आज भी उन्हें सफलतापूर्वक बनाया जा सकता है। नाटक एक बहुत सफल कॉमेडी है, जिसके हर वाक्य पर दर्शक हँसते हैं—क्योंकि लगभग हर दर्शक ने इन वाक्यों का सामना दफ़्तरों, कचहरियों और कारख़ानों में किया है—किन्तु महत्त्वपूर्ण चीज़ यह है कि नाटक का 'ग्रोटेस्क' व्यंग्य ख़ास चेक चरित्र और वातावरण की देन है और अपने गठन और कंटेंट में 'एब्सर्ड' होने के बावजूद एक ऐसी हास्यास्पद और क्रूर सामाजिक स्थिति की ओर संकेत करता है, जो चाक़ू की पैनी धार की तरह तर्कसंगत है।

किन्तु यह स्थिति बिलकुल नई हो, ऐसी बात भी नहीं है। बरसों पहले ऑरवेल, हक्सले तथा अन्य लेखकों ने हमें इस 'सांस्कृतिक संकट' के प्रति सचेत किया था। उस समय हमें केवल यह भ्रम था कि यह संकट केवल पश्चिमी देशों की सामाजिक व्यवस्था पर ही लागू होता है, समाजवादी व्यवस्था पर नहीं। पिछले कुछ वर्षों में प्राग में रहकर मुझे अपना यह भ्रम कुछ हद तक बचकाना प्रतीत हुआ है। समाजवादी व्यवस्था जिस अनुपात में एक औद्योगिक लोकतांत्रिक समाज में बदलती जाएगी, उस अनुपात में आधुनिक दुनिया के 'टेक्नोलॉजिकल' दबाव और तनाव का सामना भी उसे करना पड़ेगा। स्तालिनवादी युग में यह 'तनाव' ज़बरदस्ती सतह के नीचे दबा दिया जाता था, किन्तु आज—अपेक्षाकृत खुले वातावरण में—उसका सामना अधिक तर्कसंगत और साहसपूर्ण ढंग से किया जा सकता है। कुछ हद तक किया जा रहा है, इसका हल्का-सा प्रमाण मुझे कुछ महीने पहले मिला था, जब मैंने अपने कुछ परिचित चेक लेखकों से इन समस्याओं पर बातचीत की थी।

सब लेखक इस एक बात से सहमत थे कि केवल नई सामाजिक व्यवस्था में ख़ुद-ब-ख़ुद 'नये इनसान' का जन्म नहीं हो जाता, एक लम्बे समय तक आधुनिक औद्योगिक ढाँचे में (चाहे वह समाजवादी ढाँचा क्यों न हो) एक व्यक्ति अपने को बहुत अकेला, अवश और अजनबी (एलिअनेटेड) पा सकता है। यह सही है कि पूर्वी यूरोप में 'बाज़ारू संस्कृति' की अमानवीयता, और जड़ता अभी उस भयंकर रूप से नहीं देखने को मिलती जितनी अमेरिका और पश्चिमी यूरोप में—किन्तु जब कभी प्राग में कोई सस्ती सनसनीखेज़ फ़िल्म दिखाई जाती है, तो सिनेमा के आगे लोगों की भीड़ को देखकर एक नई उगती हुई प्रवृत्ति की धुँधली-सी झलक ज़रूर मिल जाती है। टेलीविज़न पर मार-काट के हत्याकांड अवश्य ही नहीं दिखाए जाते, किन्तु ख़ुद टेलीविज़न या पॉप और 'बिग-बीट' के रिकॉर्डों अथवा नये-से-नये पश्चिमी फ़ैशनों के प्रति नई युवा पीढ़ी का उन्मत्त आकर्षण स्वयं अपने में एक ऐसा संकेत है, जिसकी कल्पना 'समाजवादी आदर्शों' से कहीं मेल नहीं खाती। मुझे लगता है कि अगले दस या पन्द्रह वर्षों में—यदि इस खुले वातावरण पर दुबारा से ढक्कन बन्द नहीं कर दिया गया—तो एक चेक युवक की धारणाओं, मान्यताओं, स्वप्नों और आदर्शों को एक पश्चिमी पूँजीवादी देश के युवक से अलग नहीं किया जा सकेगा। एक तरह इस स्थिति का व्यंग्य आँखों से ओझल नहीं किया जा सकता कि जहाँ दो समाज-व्यवस्थाओं के दार्शनिक सिद्धान्त एक-दूसरे से बहुत दूर हैं, वहाँ मशीनी सभ्यता ने उन व्यवस्थाओं में रहने वाले लोगों को एक-दूसरे के बहुत निकट ला दिया है।

प्राग के बदलते सांस्कृतिक वातावरण में रहकर मुझे लगा है कि जिस सीमा तक एक समाजवादी देश अपने को स्तालिनवादी संकीर्णताओं से मुक्त करता जाएगा, उस सीमा तक वहाँ उथली या सतही संस्कृति की समस्या अधिक वास्तविक और विकट रूप में उपस्थित होगी। हम जानते हैं, स्तालिनवादी युग में शेक्सपियर, बाल्ज़ाक, टॉल्स्टॉय इत्यादि क्लासिक

लेखकों की पुस्तकें लाखों की प्रतियों में छापी जाती रही हैं—यह अपने में चमत्कारपूर्ण चीज़ अवश्य थी; किन्तु उसमें थोड़ा-बहुत नक़लीपन, ढोंग और डर अवश्य छिपा था। कोशिश यह थी कि जनता को खोटी और ह्रासात्मक संस्कृति के कुप्रभावों से मुक्त रखा जाए। किन्तु यह समस्या का सामना करना नहीं था, उससे कतराना था। शेक्सपियर की 'लोकप्रियता' उस समय तक नहीं आँकी जा सकती, जब तक लोगों को जेम्स बांड (007) के उपन्यासों को पढ़ने की भी आज़ादी न हो। क्लासिकल संगीत के कंसर्ट में कितने लोग बाख़ और मोत्सार्ट सुनने आए हैं, अपने में यह बात उसी समय महत्त्वपूर्ण है, जब उनके लिए 'बिग-बीट' का संगीत सुनने के दरवाज़े भी खुले हों। खोटी या बाज़ारू संस्कृति को दबाने का अर्थ है कि ख़ुद हममें सृजनात्मक संस्कृति की शक्ति में विश्वास नहीं और विश्वास का यह अभाव स्वयं उस संस्कृति में खोट पैदा कर देता है।

यहाँ इस बात का उल्लेख करना शायद अप्रासंगिक न होगा, कि इस दृष्टि से चेकोस्लोवाकिया या पोलैंड का सांस्कृतिक वातावरण सोवियत संघ या पूर्वी जर्मनी की तुलना में कहीं अधिक मुक्त, वर्जनाहीन और नॉर्मल है। शायद इसलिए कि इन देशों में 'स्तालिनवाद' की जड़ें बहुत गहरी न थीं और जहाँ तक चेकोस्लोवाकिया का सम्बन्ध है, उसकी लोकतांत्रिक परम्पराएँ आरम्भ से ही इतनी विकासमान और समृद्ध रही हैं कि स्तालिनवाद की अमानवीय विकृतियों से उनका कहीं मेल नहीं बैठता। उसके केंचुल से अपने को मुक्त करने में उसे उतनी कठिनाई का सामना नहीं करना पड़ा, जितना पूर्वी यूरोप के अन्य देशों को और उसी अनुपात में चेक लेखक, समाजशास्त्री और सांस्कृतिक कार्यकर्ता उस तनाव के प्रति भी अधिक सचेत हैं, जो अपेक्षाकृत मुक्त सांस्कृतिक वातावरण में प्रकट होता है। आश्चर्य की बात नहीं कि अनेक चेक फ़िल्में—जिन्हें अपने साहसी प्रयोगों के लिए पश्चिम में पुरस्कार प्राप्त हुए हैं—

पूर्वी जर्मनी या सोवियत संघ में नहीं दिखाई जाती हैं। अनेक आधुनिक चेक लेखकों की किताबों का अनुवाद जहाँ पश्चिमी देशों में बहुत शीघ्र हो जाता है, वहाँ पूर्वी यूरोप के कुछ समाजवादी देशों में उन्हें काफ़ी सन्देह और अविश्वास से देखा जाता है—अनुवाद करने की बात तो बहुत दूर रही। यह स्थिति शायद कुछ लोगों की दृष्टि में बहुत दिलचस्प हो, किन्तु मेरा उद्देश्य समाजवादी देशों के विभिन्न सांस्कृतिक स्तरों की ओर संकेत करना है जो अपने में बहुत महत्त्वपूर्ण है—और जिन्हें न समझ सकने के कारण अनेक भारतीय बुद्धिजीवी और पत्रकार चीन की 'सांस्कृतिक क्रान्ति' की जड़ों को समझने में भी असमर्थ रहे हैं।

इस सन्दर्भ में स्वाभाविक रूप से प्रश्न उठेगा कि एक समाजवादी देश की संस्कृति—अपनी परिभाषा के अनुसार—जन-संस्कृति की मान्यताओं से उत्प्रेरित होती है, जिसमें मुनाफ़े और व्यावसायिकता का वह दूषित खिंचाव नहीं होता, जो पश्चिमी देशों की बुर्जुआ-संस्कृति का अभिशाप है। अगर यह सत्य है, तो क्या बाज़ारू संस्कृति का अस्तित्व एक समाजवादी देश में विरोधाभास प्रतीत नहीं होता? यहाँ हम अक्सर एक बात को भूल जाते हैं कि व्यावसायिकता या संस्कृति से मुनाफ़ा उठाने की प्रवृत्ति के नष्ट हो जाने के बाद भी उपभोक्ताओं की रुचि की अवहेलना नहीं की जा सकती—और समाजवादी देशों की संस्कृति एक हद तक (किन्तु सिर्फ़ एक हद तक) उस रुचि के उतार-चढ़ाव पर उतनी ही निर्भर है, जितनी कहीं अन्यत्र। उस हद तक उस रुचि का आदर अवश्य किया जाता है, ताकि फ़िल्म पर घाटा न उठाना पड़े, हर किताब दुकान में ही न पड़ी रहे, हर शाम थियेटर ख़ाली दिखाई न दें। जब तक ऐसी 'आदर्श' स्थिति उत्पन्न नहीं हो जाती, जहाँ मनोरंजन और संस्कृति के बीच कोई खाई न हो, दूसरे शब्दों में जब उपभोक्ता की रुचि अपने में इतनी विकसित नहीं हो जाती कि उसे तुष्ट करने के लिए कला में किसी प्रकार की मिलावट और समझौता करने की

आवश्यकता महसूस न की जाए—और यह सचमुच आदर्श स्थिति है—तब तक हर समाज-व्यवस्था में बाज़ारू संस्कृति की आशंका बनी रह सकती है। कुछ दिन पहले एक युवा फ़िल्म-निर्देशक से (जो उस नई पीढ़ी के निर्देशक हैं, जिन्होंने चेक फ़िल्मों को बिलकुल नया मोड़ दिया है) बातचीत के दौरान मैंने पूछा कि प्राग में अच्छी फ़िल्मों के साथ-साथ जो हॉलीवुडियन-क़िस्म की काफ़ी सस्ती फ़िल्में दिखाई जाती हैं, उसका मतलब क्या है? क्योंकि कोई ऐसी व्यावसायिक विवशता नहीं कि उनसे छुटकारा न पाया जा सके। उन्होंने उत्तर दिया कि प्रयोगवादी फ़िल्मों को बनाने में जो घाटा उठाना पड़ता है, उसे इन सस्ती किन्तु 'लोकप्रिय' फ़िल्मों के मुनाफ़े से पूरा किया जाता है। एक ज़माने में यहाँ अधिकांश सोवियत फ़िल्में दिखाई जाती थीं, जिनसे लोग इस क़दर ऊब गए थे कि बाहर की कोई भी चीज़—चाहे कितनी भी घटिया क्यों न हो, उसका दिल खोलकर स्वागत किया जाता था (स्तालिनवादी युग में इन देशों में राजकपूर की 'आवारा' क़िस्म की फ़िल्मों की लोकप्रियता का रहस्य भी इसी ऊब में निहित था)। आज जब बन्धन ढीले पड़ गए हैं, तो इन घटिया फ़िल्मों या पुस्तकों के प्रति लोगों का आकर्षण कुछ वैसा ही है, जैसा निषिद्ध फल को चखने की आतुरता।

फ़िल्म आज की संस्कृति का सबसे सशक्त और व्यापक माध्यम—और इस क्षेत्र में 'जनता की रुचि' जिस नंगे और प्रत्यक्ष रूप से सामने आती है, उतनी शायद किसी दूसरे माध्यम द्वारा नहीं, किन्तु संस्कृति के दूसरे माध्यम भी इस सतहीपन से अछूते नहीं हैं। और वह महज़ पिछले वर्षों के दौरान जो 'पवित्र सर्वहारा वर्गीय मान्यताओं' को नक़ली ढंग से थोपा गया था, उसके विरुद्ध एक उच्छृंखल प्रतिक्रिया नहीं है। समस्या कहीं अधिक पेचीदा और गहरी है। पिछले वर्षों में यूरोप के विकसित औद्योगिक देशों में—जिनमें चेकोस्लोवाकिया भी शामिल है—एक अत्यन्त मूलभूत और मेरे विचार में भयंकर परिवर्तन हुआ है—

स्वयं मज़दूर वर्ग तेज़ी से उन मध्यवर्गीय स्वार्थों और आदर्शों को अपनाता जा रहा है, जिनके विरुद्ध एक ज़माने में उसका विरोध सबसे अधिक मुखर और प्रेरणादायक था। आज के फलते-फूलते 'एफ़्लुएंट' समाज में मज़दूरों को वे सब सुविधाएँ प्राप्त हैं, जिनकी कल्पना एक भारतीय नहीं कर सकता, क्योंकि हमारे देश में मज़दूर या किसान होने का मतलब ही ग़रीब होना है—दूसरे शब्दों में जहाँ मध्यवर्ग और मज़दूर वर्ग के बीच केवल 'वर्गीय अन्तर' ही नहीं, बल्कि शिक्षा, संस्कृति और रहन-सहन की सुविधाओं का भी ठोस भौतिक अन्तर है। यूरोप में स्थिति बिलकुल भिन्न है—या तेज़ी से भिन्न होती जा रही है। भयानक बात यह नहीं कि आज यहाँ लगभग वे लोग, जिन्हें हम मज़दूर कहते हैं, अपना मकान, अपनी मोटर और टेलीविज़न सेट, अपना डॉक्टर और अपनी यूनिवर्सिटी की उच्च शिक्षा चुनने का सामर्थ्य रखते हैं। यह ठीक है और ऐसा होना भी चाहिए। अधिक चिन्तनीय चीज़ यह है कि इन सुविधाओं के साथ-साथ मज़दूर वर्ग ने अवसरवादिता और आत्मकेन्द्रीयता, सस्ती भोंडी रुचि और सनकी मान्यताएँ, बाज़ारू क़िस्म के भौतिक आदर्श और सतही आत्मसन्तोष—वे सब मान्यताएँ ग्रहण कर ली हैं, जिन्हें हम एक समय में केवल मध्यवर्ग की बाबू-संस्कृति के साथ जोड़ते थे। जिन अपेक्षाकृत पिछड़े यूरोपीय देशों में मज़दूरों को ये सुविधाएँ प्राप्त नहीं हैं, वहाँ भी उनका स्वप्न और आदर्श इन्हें किसी-न-किसी तरीक़े से हासिल करना है—चाहे उसके लिए उन्हें अपने वर्ग की समस्त गौरवपूर्ण परम्पराओं को ही क्यों न छोड़ना पड़े। यह प्रवृत्ति केवल इंग्लैंड के 'वेल्फ़ेयर स्टेट' या अमेरिका और पश्चिमी जर्मनी की 'एफ़्लुएंट सोसाइटी' में ही प्रकट नहीं हो रही, बल्कि—और यह चीज़ शायद कुछ विस्मयकारी-सी जान पड़े—स्वयं समाजवादी देशों में भी व्याप्त है, जहाँ मज़दूर वर्ग के हाथ में राजसत्ता है। हर शाम प्राग का मज़दूर टेलीविज़न के आगे उसी तरह आँखें फैलाकर बैठता है,

जिस तरह पेरिस या लन्दन का व्यापारी या क्लर्क—और बेशक कभी-कभार अपने टेलीविज़न में वियतनाम की न्यूज़-रील देखकर वह आहें ज़रूर भर लेता हो, गर्मी की छुट्टियों में अपने बाल-बच्चों के साथ समुद्र-तट पर जाना नहीं भूलता। "अगर मज़दूर को अपनी स्थिति को सुधारने का अवसर मिले, तो वह भी मध्यवर्ग के लोगों की तरह सतही और उथला हो जाएगा, जिन पर वह आज ईर्ष्या करता है...सतहीपन से मतलब है, जब आदमी बेहतर स्थिति के अवसरों को स्वीकार करके दूसरे लोगों को भुला देता है, जो उससे बुरी स्थिति में जीते हैं। दूसरों को भूल जाने से भी अधिक महत्त्वपूर्ण बात यह है कि इस तरह के सफल लोग ख़ुद अपने अस्तित्व की जटिलता को भुला देते हैं क्योंकि वे अपने को मृत्यु और संकट के बोध से बचाकर जीना चाहते हैं।"

बरसों पहले स्टीफ़ेन स्पेंडर की आत्मकथा 'वर्ल्ड विदिन वर्ल्ड' में ये शब्द पढ़कर मुझे काफ़ी झटका लगा था और मैंने उन्हें एक पश्चिमी बुद्धिजीवी का सनकीपन समझकर टाल देने की कोशिश की थी। यूरोप में कुछ वर्ष रहकर आज सहसा मुझे उनकी यह चेतावनी स्मरण हो आती है—मुझे दुःख है कि आज मैं उनसे कम-से-कम इस बात पर सहमत हूँ और यह सहमति मेरे लम्बे दिनों के बहुत प्रिय मोह के भंग हो जाने के दुःख को कम नहीं करती। किन्तु इससे अधिक बड़ा दुःख शायद इस क्रूर तथ्य में है कि व्यवसायी संस्कृति के सतहीपन के विरुद्ध हमने 'सर्वहारा' वर्ग की जो विद्रोही और पवित्र मान्यताएँ अपनाई थीं, वे आज स्वयं अपना अर्थ खो बैठी हैं।

स्पेंडर ने जिसे 'मृत्यु और संकट का बोध' कहा है, उसके लुप्त हो जाने के परिणामस्वरूप आज एक ऐसे आत्मतुष्ट और आत्मकेन्द्रित मनुष्य की रचना हुई है, जो स्वयं निहित स्वार्थों की स्थापित व्यवस्था को सहारा देता है—चाहे यह स्थापित व्यवस्था समाजवादी देशों की ही क्यों न हो। यदि ध्यान से देखें तो पश्चिम में ओस्बोर्न, वेस्कर या गुन्थर

ग्रास जैसे लेखकों का आक्रोश स्थापित व्यवस्था के ख़िलाफ़ उतना नहीं है (जैसा कि आज तक हम समझते आए हैं) जितना टेलीविज़न और समाचार-पत्रों की उस रुचिहीन 'बास्टर्ड संस्कृति' के विरुद्ध है, जो न सही अर्थ में प्रोलितारियन है, न मध्यवर्गीय, बल्कि एक आकारहीन, लक्ष्यहीन मिश्रित घोल, जो मैले पानी की तरह हर जगह व्याप्त है। और यह आक्रोश उस असमर्थता के बोध से भी उत्पन्न होता है, जहाँ बुद्धिजीवी—अपने समस्त प्रोटेस्ट-मैनीफेस्टोज़ और बीटनिक क़िस्म की बचकाना चीख़-चिल्लाहट के बावजूद—सामाजिक सत्ता का बाल भी बाँका नहीं कर सकते। यह एक ऐसी व्यंग्यात्मक और दयनीय स्थिति है, जिसके एक छोर पर मज़दूर के संगठन और विराट ट्रेड यूनियनें हैं, जो आज अपने संकीर्ण स्वार्थों में ज़्यादा लिप्त हैं। (यह आकस्मिक नहीं कि ब्रिटेन और अमेरिका में वियतनाम युद्ध के विरुद्ध जो प्रदर्शन होते हैं, उनमें ट्रेड यूनियनें बहुत गौण महत्त्व की हैं। मज़दूरों से कहीं अधिक छात्र या बुद्धिजीवी उनमें भाग लेते हैं।) और दूसरे छोर पर ऐसे लेखक या बुद्धिजीवी हैं, जो समझते हैं कि अफ़ीम और दूसरी क़िस्म की नशीली वस्तुओं के सेवन से, या ज़ेन दर्शन का पाठ करने से वे इस समाज के विरुद्ध अपना विद्रोह प्रकट कर सकते हैं। किन्तु इनका विद्रोह चाहे नाटकीय कितना ही क्यों न हो, वास्तव में उसी बाज़ारू और कुत्सित संस्कृति का भाग है—जिसमें वह पैदा हुआ है—और अपने सनसनीखेज़ करतबों के बावजूद—या शायद उसी के कारण आज के सांस्कृतिक या राजनीतिक वातावरण में कोई परिवर्तन नहीं ला सकता। कॉडवेल के शब्दों में ऐसे "विद्रोही बुद्धिजीवी बीमारी को दूर करने वाले डॉक्टर नहीं हैं, बल्कि ख़ुद बीमारी हैं।" उनका 'विरोध' सत्ताधारियों को एक तमाशा-सा प्रतीत होता है (गिन्सबर्ग और उनके अन्य बीटनिक साथियों की जमात इस तमाशे को अधिक मनोरंजक बनाती है) और वे भी अपने करतबों से आज की स्थापित व्यवस्था का उसी तरह दिल बहलाव करते हैं,

जैसे मध्यकालीन दरबारों में राजाओं के विदूषक। बीसवीं शती की संस्कृति को बनाने या बिगाड़ने में इससे अधिक उनका कोई रोल नहीं।

आज पश्चिम के सचेत बुद्धिजीवी अपने समाज के सतही और बाज़ारू वातावरण से घबराकर मुक्ति का रास्ता पूर्वी यूरोप की समाजवादी, जन-संस्कृति में खोजते हैं—क्या यह भी एक आत्मछलना नहीं है? अभी हाल में प्राग के एक साहित्यिक-पत्र में एक चेक लेखक का बहुत दिलचस्प संस्मरण छपा है। उनकी मुलाक़ात पश्चिम जर्मनी के एक ऐसे लेखक से हुई, जिन्होंने उन्हें बताया कि आज उनके देश से हज़ारों की संख्या में युवक-युवतियाँ रूस के प्रति आकर्षित हो रहे हैं—न केवल रूसी भाषा और साहित्य के प्रति उनकी दिलचस्पी तेज़ी से बढ़ती जा रही है बल्कि बुद्धिजीवियों की फ़ैशनेबल पार्टियों में भी व्हिस्की या कोन्याक की अपेक्षा वोद्का पीना कहीं अधिक गौरवपूर्ण माना जाता है! इसे एक तरह से नई 'रशियन वेव' कहा जा सकता है, जो केवल वामपक्षीय लेखकों तक सीमित नहीं है, बल्कि उन हज़ारों लोगों के बीच लोकप्रिय है, जो पश्चिमी जर्मनी की 'टेलीविज़न-मोटर' सभ्यता से ऊब चुके हैं और एक ऐसे वातावरण के लिए उत्सुक हैं, जिसमें मनुष्य का जीवन इतना अर्थशून्य, सतही और यांत्रिक न हो, जितना उनके समाज में।

एक चेक लेखक से बातचीत के दौरान किसी जर्मन लेखक ने बहुत आशा-भरे स्वर में कहा : "मैं समझता हूँ आपके समाज में वह अर्थ मिल सकता है, जिसे हम खोज रहे हैं। आप तो स्वयं समाजवादी देश के निवासी हैं, क्या आप ऐसा नहीं समझते?"

जर्मन लेखक के स्वर में सान्त्वना और तसल्ली पाने की अजीब आतुरता थी। उनके प्रश्न पर चेक लेखक की जो प्रतिक्रिया हुई, वह इतनी ईमानदार और सच्ची थी कि उसे उद्धृत करने का लोभ मैं संवरण नहीं कर पाता।

"मैं उनके प्रश्न का क्या उत्तर देता? मैं चुप बैठा रहा और सोचने लगा कि मानवीयता आज कैसे अजीब विरोधाभास में जी रही है। हमारे देश (चेकोस्लोवाकिया) के हज़ारों लोग पश्चिम की व्यावसायिक संस्कृति की ओर बड़ी ललचाई दृष्टि से देखते हैं, और सोचते हैं कि उसमें उनकी समस्याओं का हल मिल सकता है, जबकि वहाँ के लोगों की उम्मीदें समाजवाद पर केन्द्रित हैं, जो उनकी राय में मानवीय अस्तित्व के संकट से उन्हें छुटकारा दिला सकता है। कैसी अजीब विडम्बना है! क्या हमारी आशाएँ झूठी नहीं हैं? क्या उनकी आशाएँ भी झूठी नहीं हैं? मुझे लगा कि वे केवल समाजवाद के आदर्श को देखते हैं, किन्तु हमारे यथार्थ को नहीं देखते—उसी तरह जैसे हम उनकी व्यावसायिक सभ्यता की ऊपरी तड़क-भड़क को तो देखते हैं, किन्तु उसके भीतर छिपे खोखलेपन को नज़रअन्दाज़ कर देते हैं...। एक ज़माने में जब हमने समाजवाद के लिए संघर्ष किया था, तब हमने सोचा था कि उसे एक विकासशील औद्योगिक सभ्यता के अनुरूप ढाल सकेंगे, किन्तु यह ऐसा स्वप्न था, जो आज भी पूरा नहीं हुआ है...। मैं उस जर्मन लेखक से क्या कहता? क्या यह कहता कि उनके विचार ठीक हैं, कि सचमुच समाजवाद ही एक ऐसी चीज़ है, जिससे उम्मीद की जा सकती है? मैंने कुछ नहीं कहा और महज़ शालीन भाव से मुस्कराने लगा।"

इतने लम्बे उद्धरण के लिए मैं क्षमा नहीं माँगूँगा। ये शब्द एक चेक मार्क्सवादी लेखक के हैं, जो अपने समाज के फूहड़ सतहीपन से उतना ही परेशान है, जितना पश्चिमी यूरोप का बुद्धिजीवी। इसका मतलब यह नहीं कि दोनों व्यवस्थाएँ एक जैसी हैं, या उनमें मूलभूत अन्तर नहीं है—किन्तु इस लेख में मैं उन अन्तरों को नहीं दुहराना चाहता, जिनसे प्राय: सब लोग परिचित हैं। यहाँ मैं उस बढ़ते हुए ख़तरे की ओर संकेत करना चाहता हूँ, जिसने अपने औद्योगिक पंजे में दोनों तरफ़ की संस्कृतियों को जकड़ दिया है।

मुझे लगता है कि इस ख़तरे के सामने आज का यूरोपीय बुद्धिजीवी अपने को जितना अवश पाता है, उतना पहले कभी नहीं—चाहे वह पेरिस में हो, या प्राग में, इससे कोई विशेष अन्तर नहीं पड़ता। दूसरे युद्ध से पहले यह स्थिति नहीं थी। फ़ासिज़्म को हराया जा सकता है, इस आस्था को लेकर ही यूरोप के सैकड़ों लेखक और कलाकार स्पेन में लड़ने गए थे। स्पेन उन दिनों महज़ एक देश ही नहीं था, वह लोकतंत्र का एक प्रतीक था और हर लेखक की आत्मा की कसौटी भी...।

अँधेरे के घोर क्षणों में भी आदमी का अपने पर विश्वास नहीं डिगा था। यह विश्वास आज ख़त्म हो गया है। यूरोप की राजधानियों में वियतनाम युद्ध के विरोध में प्रदर्शन ज़रूर होते हैं, किन्तु ये प्रदर्शन रोज़मर्रा का वैसा ही एक फ़ीचर हैं, जैसे वियतनाम के गाँवों पर रोज़मर्रा की बमबारी—दोनों चीज़ें बराबर एक साथ चल रही हैं, लेकिन एक-दूसरे को छूती कहीं भी नहीं।

चेक सरकार भले ही वियतनाम की आर्थिक-सैनिक सहायता कर रही हो (और इस लिहाज़ से वह उन 'अहिंसात्मक' देशों से कहीं बेहतर है, जो सिर्फ़ मौखिक सहानुभूति से आगे जाने का साहस नहीं करते) किन्तु प्राग में रहकर यह आभास बिलकुल नहीं होता कि कहीं बच्चों के शरीर नापाम बमों से झुलस सकते हैं। इसे दायित्वहीनता कहना ग़लत होगा। यह उस 'मोहभंग' की स्वीकृति है, जिसे सार्त्र जैसे दायित्वपूर्ण लेखक ने अपने लम्बे संघर्ष के बाद पूरी आत्मपीड़ा के साथ महसूस किया है : "एक लम्बे अरसे से मैं क़लम को तलवार समझता आया था—किन्तु आज मुझे अपनी विवशता का एहसास होता है—मैं किताबें लिखता आया हूँ और लिखता रहूँगा; शायद वे किसी के काम आ सकें; किन्तु संस्कृति किसी को नहीं बचा सकती, किसी को नहीं सुधार सकती...।" ('शब्द'—ज्याँ पॉल सार्त्र)

भारतीय बुद्धिजीवी जब कभी यूरोप के इस सांस्कृतिक संकट के सम्पर्क में आते हैं, तो अक्सर उनकी प्रतिक्रिया होती है—हमारी संस्कृति इन पश्चिमी पतनशील तत्त्वों से मुक्त है—और यह कहकर मन-ही-मन ख़ुश हो लेते हैं। उनका यह 'आत्मसन्तोष' कितना थोथा और हास्यास्पद है, यहाँ उसकी चर्चा करना अप्रासंगिक होगा। भारत में हम जिस 'सांस्कृतिक स्तर' पर जीते हैं, वहाँ बेशक किसी संकट का ख़तरा नहीं। एक मृत संस्कृति 'शाश्वत' होने का सौभाग्य भले ही प्राप्त कर ले, जीवित रहने की ज़िम्मेदारी उसे कभी आक्रान्त नहीं कर सकेगी।

बरसों पहले मैंने बॉदलेयर की एक कविता पढ़ी थी। जहाँ तक मुझे याद है, वह कविता एक जहाज़ के बारे में थी। बॉदलेयर अपने समय की खोखली और अर्थहीन सभ्यता से इतना ऊब गए थे कि उन्होंने अपनी आशा उस जहाज़ पर केन्द्रित कर ली थी—एक ऐसा जहाज़, जो आधुनिक संस्कृति की दुर्गन्ध और गन्दगी को किनारे पर छोड़कर सागर की मुक्त लहरों में खो जाएगा। बॉदलेयर ज़िन्दगी-भर इस 'जहाज़' के छूटने की प्रतीक्षा करते रहे। कहते हैं, एक बार वे पेरिस के वातावरण से इतना ऊब गए कि कुछ दिनों तक दूसरे शहरों में भटकते रहे। किन्तु दुर्भाग्यवश पेरिस का मोह—उसकी गन्दगी के बावजूद कुछ इतना ज़बरदस्त था कि वहाँ दुबारा वापस आए बिना न रह सके। अपनी अपराध-भावना को छिपाने के लिए उन्होंने अपने मित्रों से यह कह दिया कि वे जहाज़ पर हिन्दुस्तान तक घूम आए हैं! 'हिन्दुस्तान' उनके लिए सुदूर यात्रा का स्वप्न था—उन्नीसवीं शती की बुर्ज़ुआ-संस्कृति की ऊब और सतहीपन से मुक्त।

आज सौ बरस बाद भी बॉदलेयर का जहाज़ गन्दे और दुर्गन्धमय तट पर खड़ा है—'हिन्दुस्तान' घूम आने का बहाना बहुत-से लोग करते हैं—बीटनिक कवियों से लेकर धर्मशास्त्रियों तक—किन्तु सभ्यता के तट को छोड़ने का हौसला कोई नहीं बटोर पाता।

# यूरोप में भारतीय

किसी देश के सांस्कृतिक वातावरण के बारे में एक विदेशी की धारणा स्वयं उस देश के कला-पारखियों के दृष्टिकोण से बिलकुल भिन्न हो सकती है, इसका अनुभव मुझे भारत में भी उतने ही अधिक बार हुआ है, जितना यूरोप में। यह अनुभव अपने में काफ़ी संकोचजनक हो सकता है—जो लेखक हमें पसन्द आते हैं, वे उस देश में या कम-से-कम उस देश की नई पीढ़ी के लिए—काफ़ी पुराने पड़ चुके होते हैं, या उनकी परम्परा का ऐसा अभिन्न अंग बन चुके हैं, जिनकी चर्चा करना अरुचिकर नहीं, तो अप्रासंगिक अवश्य माना जाता है। कल्पना कीजिए, दिल्ली की किसी साहित्यिक गोष्ठी में कोई अमेरिकी सज्जन किसी ऐसे भारतीय लेखक की चर्चा करने लगें, जिसे उन्होंने हाल ही में अंग्रेज़ी में खोजा है और जिसे आपने पढ़ा भी नहीं, आपको शायद उनका उत्साह उतना ही अरुचिकर जान पड़ेगा, जितना उन्हें आपकी उदासीनता। यह ज़रूरी नहीं कि उन अमेरिकी सज्जन की साहित्यिक रुचि घटिया या सतही ही हो,

बल्कि अक्सर होता यह है कि भारतीय साहित्य का मूल्यांकन करते समय अनेक पश्चिमी लेखकों के भीतर एक नक़ली सेंसर काम करने लगता है और वे अपनी 'कलात्मक कसौटी' कुछ देर के लिए ताक पर रख देते हैं। लेकिन यह सेंसर एकतरफा नहीं है...स्वयं हम भारतीय उसका शिकार हैं, इसका अनुभव पहली बार मुझे यूरोप में हुआ। यहाँ 'यूरोप' से मतलब है, इंग्लैंड के बाहर अन्य यूरोपीय देशों से। अंग्रेज़ी साहित्य की खिड़की से यूरोपीय साहित्य का 'अवलोकन' करना उतना ही भ्रामक हो सकता है, जितना 'अमेरिकी दृष्टि' से भारतीय साहित्य का मूल्यांकन करना, क्योंकि दोनों दृष्टियाँ ग़ैर-साहित्यिक पूर्वग्रहों से धुँधली पड़ जाती हैं।

यह दिलचस्प चीज़ है कि अनेक भारतीय बुद्धिजीवी यूरोप आते समय 'भारतीय कसौटी' को तो पीछे छोड़ आते हैं (या वह कसौटी जिसे वे 'भारतीय' समझते हैं), लेकिन अपने असबाब में अंग्रेज़ी दृष्टि को (या जिसे वे 'अंग्रेज़ी दृष्टि' समझते हैं) रखना नहीं भूलते। अगर वे इंग्लैंड आएँ, तब तो ख़ैर इसके सहारे वे अपने को सुरक्षित समझ लेते हैं, किन्तु इंग्लैंड के बाहर मुझ जैसे भारतीय के लिए यह अंग्रेज़ी दृष्टि बहुत जल्दी ही एक बोझ और व्यवधान वन जाती है—एक ऐसा अन्दरूनी सेंसर, जो और भी अधिक घातक है, क्योंकि हम उससे अवगत नहीं हैं। प्राग में कुछ वर्ष रहकर मुझे यह बात बहुत स्पष्ट रूप से महसूस हुई है कि किसी देश के सांस्कृतिक वातावरण का सही-सही मूल्यांकन और रसास्वादन करने के लिए इस 'अन्दरूनी सेंसर' की हत्या करना आवश्यक है, बेशक इसकी कोई गारंटी नहीं है कि उसकी हत्या कर देने के बाद उससे छुटकारा मिल ही जाएगा—उसका प्रेत अलग-अलग भेसों में आपका पीछा कर सकता है।

इस सेंसर की प्रकृति क्या है और क्यों हम भारतीय बुद्धिजीवी ही इससे इतना अधिक ग्रस्त रहते हैं?

यहाँ मैं अपने अनुभव से ही एक अन्य बात कहना चाहूँगा, जो शायद इस प्रश्न को समझने में मदद दे सके। यूरोप की यात्राओं के दौरान मुझे जितना अजनबीपन दूसरे देशों में महसूस हुआ, उतना इंग्लैंड में नहीं। बाद में मुझे यह तथ्य काफ़ी स्वाभाविक जान पड़ा। हम आज भाषा-भक्ति की रौ में आकर अंग्रेज़ी को चाहे कितनी गालियाँ क्यों न दे लें, हक़ीक़त यह है कि एक मध्यवर्गीय भारतीय बुद्धिजीवी के संस्कार अंग्रेज़ी संस्कृति या साहित्य के साथ जितने जुड़े हैं, उतने किसी अन्य देश के साहित्य या संस्कृति के साथ नहीं। मैंने यह देखा है कि एक जापानी साहित्यकार जहाँ यूरोप के हर देश में अपने को सहज स्थिति में पा लेता है, वहाँ एक भारतीय बुद्धिजीवी केवल इंग्लैंड में। लन्दन के हर कोने में हम जॉनसन की पत्र या डिकेंस के पात्र आज भी ढूँढ़ सकते हैं, और अगर हम ज़्यादा आधुनिक हुए, तो हमें शाम को देखकर 'मेज़ पर लेटे क्लोरोफ़ार्म से बेहोश मरीज़' इलियट की याद भी आ सकती है, और यह सिर्फ़ इसलिए नहीं कि हम अंग्रेज़ी साहित्य के प्रति ज़्यादा संवेदनशील हैं, बल्कि इसलिए भी कि पिछले दो सौ वर्षों से हमें इंग्लैंड के अलावा किसी अन्य देश के साहित्य से परिचय प्राप्त करने का मौक़ा नहीं मिला। जब कभी मिला भी है, तो वह भी अंग्रेज़ी अनुवादों द्वारा, (जिसकी अपनी घोर सीमाएँ हैं)। पहले जो ज्ञान ज़बरदस्ती हमारे गले के भीतर उतारा गया था, आज वह हमारे संस्कारों और आत्मा का सहज अंग बन चुका है, यह परम्परा ख़ेदजनक नहीं है, अपने ढंग से भारत के 'नवजागरण' आन्दोलन में उसका गहरा योग रहा है। ख़ेदजनक यह बात है कि एक तरफ़ हम अपने इन 'अंग्रेज़ी संस्कारों' को ठुकराते हैं, और दूसरी तरफ़ अनिवार्य रूप से उनके बन्दी हैं। परिणामस्वरूप जिस 'अंग्रेज़ी ज्ञान' को हम बड़े गर्व से एक उपलब्धि के रूप में यूरोप में लाते हैं, वही ज्ञान एक सीमा के बाद स्वयं यूरोपीय संस्कृति को समझने में बाधा बन जाता है; हम उस जापानी बुद्धिजीवी की तरह अपने को

सहज और वर्जना-मुक्त स्थिति में नहीं पाते, जिसने यूरोपीय संस्कृति को अपनी भाषा और परम्परा के माध्यम से तोला-परखा है। कोशिश हमारी यह रहती है कि हम इस वर्जना को ज़बरदस्ती कहीं भीतर दबा सकें, किन्तु महज़ दबाने से कोई संस्कार दबता नहीं, उलटे वह एक सेंसर की तरह हमारे भीतर हमेशा चालू रहता है। व्यंग्यात्मक स्थिति यह है कि 'अंग्रेज़ी हटाओ' जैसे आन्दोलनों ने इस 'सेंसर' को ख़त्म करने के बजाय उसे एक गहरी अपराध-भावना में परिणत कर दिया है।

यह सेंसर किस अजीब ढंग से काम करता है, उसे स्पष्ट करने के लिए मैं अपना ही एक उदाहरण देना चाहूँगा। कुछ वर्ष पहले जब मैं प्राग आया था, मैं स्वाभाविक रूप से उन लेखकों और कवियों के प्रति आकर्षित हुआ, जिनकी रचनाएँ मैं अंग्रेज़ी अनुवादों में पढ़ चुका था। एक तरह से वे मेरी 'एंग्लो-इंडियन' सांस्कृतिक धारा के अनुकूल थीं। यों भी एक भारतीय के लिए यह सबसे आसान बात होती है कि यूरोप आने पर वह आँखें मूँदकर 'अंग्रेज़ी कसौटी' पर हर चीज़ को परखने का दावा कर सकता है (इस दृष्टि से वह 'आधुनिक' होने के बावजूद हमारे पुरखों से अलग नहीं, जिनके लिए इंग्लैंड 'विलायत' था और विलायत भारत के बाहर समूची दुनिया)। इसका बड़ा 'फ़ायदा' यह भी है कि अलग-अलग देशों की विशिष्ट आत्मा को समझने में जिस मानसिक चेष्टा की ज़रूरत पड़ती है, हम उससे छुट्टी पा लेते हैं। मुझे अपनी ग़लती का एहसास उस समय हुआ जब मैंने देखा कि समकालीन चेक साहित्य का जीवन्त एडवेंचर एक ऐसी जगह पर हो रहा था, जहाँ प्रवेश करने के लिए मेरा 'एंग्लो-इंडियन' पासपोर्ट किसी काम का नहीं। उसका स्वाद चखने के लिए यह ज़रूरी था कि मैं अपने पुराने, लीक-बँधे स्वादों से छुटकारा पा सकूँ, किन्तु इससे भी अधिक यह ज़रूरी था कि मैं उस नक़्शे से मुक्ति पा सकूँ, जहाँ चेक संस्कृति के दिशा-संकेत अंग्रेज़ी अनुवादों द्वारा अंकित किये गए थे,

जिनसे शायद एक अंग्रेज़ टूरिस्ट को तो मदद मिल सकती थी, किन्तु जो मुझे सिर्फ़ गुमराह कर सकते थे।

इसका कारण सिर्फ़ यह नहीं कि यूरोपीय साहित्य के अंग्रेज़ी अनुवादों का स्तर अपने में अक्सर काफ़ी घटिया हो सकता है—यह एक ऐसा तथ्य है, जिसे स्वयं अंग्रेज़ी बुद्धिजीवियों ने स्वीकार किया है। एक घटिया अनुवाद का दुबारा से हिन्दी में अनुवाद करना अपने में कितना भ्रामक हो सकता है, इसकी कल्पना करना असम्भव नहीं। किन्तु एक अन्य गहरे स्तर पर भी अंग्रेज़ी अनुवादों के सहारे यूरोपीय साहित्य का परिचय बहुत भ्रामक होता है। अंग्रेज़ी अनुवादक अपने साहित्यिक वातावरण, रुचियों और प्रवृत्तियों को ध्यान में रखते हुए विदेशी साहित्य की रचनाओं को अनुवाद के लिए चुनते हैं। ज़रूरी नहीं कि चयन की जो कसौटी एक अंग्रेज़ी अनुवादक के लिए सही हो, वह हमारे लिए भी संगत हो सके! दूसरे का स्वाद हमारा स्वाद नहीं और फिर अपनी ज़ुबान से चखने और चुनने का आनन्द कुछ अलग ही होता है। जब तक हम यूरोपीय साहित्य को—बिना अंग्रेज़ी के माध्यम से—सीधा हिन्दी में अनुवाद करना नहीं सीख लेंगे, उस समय तक हमारा यूरोप-ज्ञान अत्यन्त सतही, उथला और सीमित रहेगा। प्रश्न अंग्रेज़ी से छुटकारा पाने का नहीं है। प्रश्न अपने उस 'कूप मंडूक' संस्कारों से मुक्ति पाने का है, जहाँ अपना दरवाज़ा खोजने के बजाय हम 'बनी-बनाई' अंग्रेज़ी भाषा की खिड़की से दुनिया को देखते हैं।

किन्तु समस्या का हल महज़ हिन्दी अनुवादों द्वारा ही नहीं हो जाएगा, हालाँकि अपने में वह पहला महत्त्वपूर्ण क़दम होगा। विदेशी साहित्य को समझने में हम अक्सर एक दूसरी ग़लतफ़हमी का शिकार हो जाते हैं और यह ग़लतफ़हमी सिर्फ़ विदेशी संस्कृति को समझने में ही नहीं, बल्कि स्वयं अपने देश के समकालीन साहित्य को सही-सही आँकने में बाधक हो जाती है। जब कभी हम प्रत्यक्ष रूप से विदेशी साहित्य के

सम्पर्क में आते हैं, हमारी कोशिश यह रहती है कि हम किसी-न-किसी तरह उसकी 'मुख्य धारा' को पकड़ सकें या कम-से-कम उन लेखकों से परिचित हो सकें, जो उस साहित्य के 'मुख्य प्रतिनिधि' हैं। हम छोटे-से-छोटे 'शॉर्ट कट' से उस देश के साहित्य का मर्म और रहस्य जान लेना चाहते हैं, और यह मर्म, हमारे विचार में, उसकी 'मुख्य धारा' में छिपा है। हमारा यह विश्वास कुछ-कुछ उस नक़्शाधारी टूरिस्ट के सरल विश्वास से मिलता है, जो किसी नये शहर में जाकर सबसे पहले उसके 'बड़े बाज़ार' का पता चलाना चाहता है। वह यह नहीं जानता, या शायद नहीं जानना चाहता कि जिस 'बड़े बाज़ार' में रोशनियों की चकाचौंध हो, वहाँ उस शहर का हृदय भी धड़कता होगा, यह ज़रूरी नहीं है। कम-से-कम यह अनिवार्य शर्त नहीं है, इसका अनुभव मुझे प्राग में हुआ है। जिन लेखकों और कलाकारों को आज हम सचमुच महत्त्वपूर्ण मानते हैं, वे अपने समय में बहुत हद तक अपने साहित्य की 'मुख्य धारा' से बहुत अलग थे—कम-से-कम वे उसके 'प्रतिनिधि' नहीं थे। बल्कि शायद यह कहना अधिक उचित होगा कि असली धारा का स्रोत उन कवियों और लेखकों में था, जिन्हें अपने समय की 'मुख्य धारा' से अधिक लेना-देना नहीं था। यदि महज़ चौड़े और विस्तीर्ण पाट को किसी धारा की 'मुख्यता' मान लिया जाए, तो प्रथम युद्ध बाद जॉयस का गद्य और इलियट की कविताएँ एक सँकरे नाले से अधिक कुछ नहीं थीं। यह साहित्य का क्रूर व्यंग्य ही माना जाएगा कि बरसों या शताब्दियों बाद जब हम अतीत की ओर लौटते हैं, तो मुख्य धाराओं के पाट सूखे पड़े होते हैं और हमें अपनी प्यास बुझाने इन 'सँकरे नालों' की शरण में ही जाना पड़ता है।

किन्तु प्रश्न सिर्फ़ साहित्य या साहित्यिक धाराओं का ही नहीं है—वरना समस्या इतनी जटिल नहीं होती। प्रश्न उस 'सांस्कृतिक वातावरण' का है, जो बीसवीं शती की आबोहवा, उसके तनावों और

द्वंद्वों के साथ जुड़ा है, जिसके साथ एक भारतीय अपना तारतम्य सहज रूप से नहीं जोड़ पाता, आधुनिक और बुद्धिजीवी होने के बावजूद। मैं यहाँ यूरोप के सांस्कृतिक वातावरण की चर्चा कर रहा हूँ—इंग्लैंड के नहीं, क्योंकि इंग्लैंड के साथ हमारा रिश्ता एक ऐसे स्तर पर क़ायम हुआ है, जहाँ एक फूल का महज़ नाम हमें वड्र्सवर्थ की याद दिलाने के लिए काफ़ी है। हमारे पिता-पितामहों की पूरी एक पीढ़ी ने कार्लाइल और रस्किन के गद्य में अपने आदर्श और स्वप्न जमा किये थे, और सतही ढंग से नहीं, बल्कि पूरी आस्था के साथ, जिसमें फ़ैशन की बू नहीं थी, जिसका प्रमाण उन्नीसवीं शती में बंगाल का नवजागरण-युग है। अंग्रेज़ी पर उनका अधिकार स्वयं आज की नई पीढ़ी के लिए ईर्ष्या और आश्चर्य की वस्तु है या होना चाहिए। इंग्लैंड के रोमांटिक कवियों ने रवीन्द्रनाथ से लेकर हमारे छायावादी कवियों की एक समूची पीढ़ी को प्रभावित किया था, आश्चर्य की बात नहीं कि डोवर की चट्टानों को देखते ही हम एकदम अपने को ऐसे पहचाने-से वातावरण में पाते हैं, जहाँ अन्दरूनी सेंसर की हत्या नहीं करनी पड़ती, वह ख़ुद-ब-ख़ुद हमारी चेतना के चैनल के पीछे छूट जाता है। किन्तु हमारे इस 'इंग्लैंड लगाव' का दुर्भाग्यपूर्ण पहलू यह रहा है कि यूरोप की अनेक उन जीवन्त सांस्कृतिक धाराओं से हम वंचित रहे, जिनका सूत्रपात इंग्लैंड में नहीं हुआ। यह महज़ संयोग नहीं है कि सुर्रियलिज़्म और फ़्यूचरिज़्म जैसे साहित्यिक आन्दोलन, जिन्होंने यूरोप की एक समूची पीढ़ी को आलोड़ित किया था, हमारे कवियों को लगभग अछूता छोड़ गए। चूँकि ये आन्दोलन बहुत सीमा तक स्वयं इंग्लैंड की भावभूमि में अजनबी थे, वे हमारे लिए भी अजनबी बने रहे।

प्राग में कुछ वर्ष रहकर ये सीमाएँ, या अप्राकृतिक सेंसर मेरे लिए अधिक साफ़ हुआ है, सफ़ाई के साथ उसकी भयंकरता का भी बोध हुआ, जो शायद भारत में रहते कभी न हो पाता। मुझे लगता है कि यूरोप

में हर पढ़े-लिखे सुसंस्कृत भारतीय को ऐसे वातावरण का सामना करना पड़ता है, जहाँ उसकी शिक्षा, रुचियाँ या छद्म आधुनिकता उसकी ज़्यादा मदद नहीं कर सकतीं। कुछ वर्ष पहले एक प्रतिष्ठित भारतीय लेखक प्राग आए थे, कुछ फ़िल्मों और नाटकों को देखकर उन्होंने भोले बालक की तरह आश्चर्य प्रकट किया कि आज भी यहाँ युद्ध को लेकर फ़िल्में बनाई जाती हैं, जबकि 'युद्ध को बीते मुद्दत गुज़र चुकी' और न केवल युद्ध, बल्कि फ़ासिज़्म, कांसन्ट्रेशन कैम्प—यातना-शिविर—उनके लिए गुज़रे ज़माने का राग था। ये चीज़ें बीसवीं शती की जीवन्त समस्याएँ हो सकती हैं, जिनसे आज भी यूरोप की आत्मा संघर्ष कर रही है, उनके लिए समझना असम्भव था। उनके लिए यह समझना भी असम्भव था कि जो चीज़ काल की दृष्टि से बीता कल हो जाती है, वह चीज़ चेतना में 'आज' की तरह रह सकती है। किन्तु एक भारतीय हमेशा 'काल' से ऊपर जीता है (यों भी भारतीयों में 'समयबोध' का अभाव आरम्भ से रहा है, जिसकी चर्चा मैं बाद में करूँगा) और वह युद्ध से ऊपर भी जीता है। (क्या हमारे यहाँ गांधी और गौतम ने जन्म नहीं लिया?) वह जीवन से भी ऊपर जीता है, जिसका दूसरा नाम मृत्यु हो सकता है, इसका सन्देह उसे कभी नहीं होता। समय की इस चेतना के अभाव में कोई भारतीय लेखक यूरोप में कुछ महीने रहकर किसी हिन्दी-पत्रिका के लिए 'यात्रा-संस्मरण' अवश्य लिख ले, अन्ततः बूँद उछलकर फिर उस शाश्वत गँदले पानी में ग़ायब हो जाती है, जहाँ से वह आई थी। यूरोप की सांस्कृतिक चेतना से उसका कोई सम्बन्ध नहीं।

आपको शायद आश्चर्य हो कि यूरोप की यह 'सांस्कृतिक चेतना' बहुत 'लोकल' है और इस 'स्थानीयता' में ही इसका रंग-रूप और सौन्दर्य बसा है। स्थानीयता से मेरा मतलब वह नहीं है, जिसे अंग्रेज़ी में 'प्राविंशियल कल्चर' कहते हैं—संकीर्ण, आत्मतुष्ट, अपने में सिमटी हुई और बाहर के प्रभावों से आतंकित, जो एक हद तक आज हमारी

भारतीय संस्कृति का हाल है। लोर्का या रिल्के—एक-दूसरे से बहुत भिन्न होते हुए भी—ठेठ रूप से स्थानीय थे, स्पेन और जर्मनी की मिट्टी में रसे-बसे हुए। इसीलिए बीसवीं शती की लहूलुहान आत्मा उनकी कविताओं से बाहर झाँकती है; इसीलिए वे सही अर्थों में सार्वभौमिक थे। इसके विपरीत एक 'प्राविंशियल' लेखक दरअसल एक नक़ली संस्कृति की किताबी उपज है, जो किसी भी देश की फैक्टरी में आसानी से तैयार हो सकता है और यद्यपि उसके नारों और दावों से हमेशा अन्तरराष्ट्रीय सुरों की गूँज आती है, वह 'गूँज' से आगे जाकर अपना स्वर कभी नहीं खोज पाती। भारत में अंग्रेज़ी सभ्यता की अनेक महत्त्वपूर्ण उपलब्धियाँ रही हैं, किन्तु उसका सबसे दुर्भाग्यपूर्ण परिणाम यह हुआ है कि पिछले दो सौ वर्षों के दौरान उन्होंने चाहे-अनचाहे एक ऐसी संस्कृति को जन्म दिया, जिसमें न तो यूरोप के 'रेनासाँ' युग का खुलापन और सर्वांगीण प्रौढ़ता थी और न ही भारतीय स्वाधीनता की गौरवपूर्ण विशिष्टता। जो चीज़ संस्कृति के नाम से पैदा हुई, वह था एक मध्यवर्गीय, नपुंसकीय, दोगला क़िस्म का विक्टोरियन सम्मिश्रण—कला में बंगाल स्कूल, आर्किटेक्चर में सिविल लाइंस के बग़लें झाँकते बँगले या ताज होटल जैसी बीभत्स इमारतें, साहित्य में बुद्धिविरोधी बुद्धिजीवी और राजनीति में गो-रक्षा जैसे आन्दोलन और इस अजीबोग़रीब मुरब्बे को हम आज भी बड़ी गम्भीर मुद्रा में 'भारतीय संस्कृति' के नाम से अपनी पीठ पर ढोते आ रहे हैं। यह एक व्यंग्यात्मक स्थिति है कि नई पीढ़ी के लेखक अपने समस्त धुआँधार आन्दोलनों के बावजूद आज तक इस 'विक्टोरियन संस्कृति' से उबर नहीं पाए हैं, उबर आना तो दूर रहा, वे उसके अंग हैं और अपने मध्यवर्गीय बाबुई संस्कारों से उसे और भी पक्का बनाते हैं। आश्चर्य नहीं कि भारत के सत्ताधारी आज तक उनके विद्रोही आन्दोलनों से आतंकित नहीं हुए। वे अच्छी तरह जानते हैं कि नौजवान लेखकों के ये आन्दोलन 'भारतीय तमाशे' का ही भाग हैं। विद्रोह के हर निर्णयात्मक लम्हे पर हम

दुनिया से भागकर अपनी 'भारतीयता' की गोद में जा बैठते हैं। एक क्षण के लिए भी हमें सन्देह नहीं होता कि यह 'भारतीयता' कोई कालातीत, शाश्वत चीज़ न होकर हमारे देश के उस सांस्कृतिक वातावरण से जुड़ी है, जहाँ सस्ती बम्बइया फ़िल्में हैं, स्थायी थियेटर के नाम से जहाँ एक भी थियेटर नहीं, करोड़ों निवासियों के देश में जहाँ एक हज़ार प्रतियों के पुस्तक-संस्करण छपते हैं, और उन्हें भी कोई नहीं पढ़ता!

हमारा दुर्भाग्य यह नहीं है (जैसा कि कुछ लोग नई पीढ़ी पर आरोप लगाते हैं) कि हम पश्चिम से अधिक प्रभावित होते जा रहे हैं, दुर्भाग्य यह है कि हम एक ऐसी छद्म संस्कृति के बीच जी रहे हैं, जहाँ अच्छा-बुरा हर विदेशी प्रभाव एक हास्यास्पद पैरोडी बनकर रह जाता है। दूसरों द्वारा सही रूप से प्रभावित होना काफ़ी मुश्किल चीज़ है (उतना ही मुश्किल जितना दूसरों को प्रभावित करना)। पश्चिमी संस्कृति से प्रभावित होने के लिए जिस जातीय व्यक्तित्व की आवश्यकता है, वह आज हमारे पास नहीं है। हमारे 'प्रभावित होने' की हालत यह है कि अधिकांश हिंदी-पाठक अनुवादों के अभाव के कारण यूरोपीय साहित्य से लगभग अपरिचित हैं; जीते-जागते रंगमंच के अभाव में पश्चिमी नाटकों के दरवाज़े हमारे लिए आज भी बन्द हैं। हालीवुड की नक़ल में हम सैकड़ों भद्दी, कुरुचिपूर्ण और दरिद्र फ़िल्में ज़रूर बनाते हैं—फ़िल्में—जो अन्य सांस्कृतिक मनोरंजनों के अभाव में हमारी जनता की प्यास बुझाने का एकमात्र गंदा नाला हैं। किन्तु भारत में एक भी ऐसा सार्वजनिक सिनेमाघर नहीं, जहाँ यूरोप और अमेरिका की उत्कृष्ट फ़िल्में दिखाई जा सकें।

ऐसी हालत में 'पश्चिमी प्रभावों' की चर्चा करना मूल समस्या से आँखें मूँदना है। वास्तव में हम पश्चिम की हवा से नहीं, ख़ुद अपनी घुटन के कारण मर रहे हैं।

यूरोप के सांस्कृतिक वातावरण का एक प्रमुख तत्त्व, मेरी दृष्टि में, अतीत के प्रति अकुंठित और सहज लगाव है और यह लगाव समय

के बोध से जुड़ा है, जिसे हम ऐतिहासिक चेतना कहते हैं। समय का यह जीवन्त बोध यूरोप के हर कलात्मक, सांस्कृतिक आन्दोलन के पीछे अत्यन्त जीवन्त रूप से विद्यमान रहा है—चाहे ला काबूर्जिए की इमारतें हों, या पिकासो के प्रयोग, या हेनरी मूर की मूर्तियाँ। वास्तव में यूरोप और भारत के बीच यह एक मूल अन्तर है। यूरोप की समूची सांस्कृतिक धारा एक निश्चित ऐतिहासिक चेतना पर आधारित है, जब कि भारतीय संस्कृति समय के बोध से सर्वथा वंचित रही है। आश्चर्य नहीं कि हमारे देश में मुसलमानों के आक्रमणों से पहले एक भी ऐसा ऐतिहासिक ग्रंथ नहीं (यदि हम 'राजतरंगिणी' को छोड़ दें), जिसकी तुलना यूनानी इतिहासकारों—थूसीडाइड्स या हीरोडोटस—की पुस्तकों से की जा सके। इतिहास लिखना हिन्दू परम्परा का अंग कभी नहीं रहा, इसीलिए हमें अपने अतीत को खोजने के लिए स्तूपों या खँडहरों, या यूनानी और चीनी पर्यटकों के यात्रा-संस्मरणों की शरण में जाना पड़ता है। जिस परम्परा में समय शाश्वत रहता है, वहाँ ऐतिहासिक चेतना-शून्य होती है, और इस चेतना के अभाव में सृजनात्मक परम्परा का विकास नहीं हो पाता। यह एक अजीब विरोधाभास है कि हम भारतीय अपनी परम्परा का ढिंढोरा हर जगह पीटते हैं, जब कि परम्परा की चेतना से हम सर्वथा सूखे हैं। (यूरोप में एक भारतीय सज्जन ने मुझे बताया कि 'भारतीय परम्परा' में टॉयलेट पेपर इस्तेमाल करना निषिद्ध है। यूरोपियनों के विरुद्ध उनकी घृणा का यह एक बड़ा कारण था।) दूसरी ओर जिस यूरोप की 'आधुनिकता' को कोसते हम कभी थकते नहीं, वहाँ इलियट से लेकर होमर तक एक सम्पूर्ण अखंडित परम्परा की जीवन्त चेतना प्रवाहमान है।

इंग्लैंड और फ्रांस के पुराने गॉथिक कैथेड्रलों की वास्तुकला, पुराने रईसी महलों का एंटीक फ़र्नीचर या पुराने स्मारकों को देखने हर वर्ष हज़ारों लोग 'तीर्थ-यात्रा' करने जाते हैं, सो महज़ उत्सुकतावश नहीं,

बल्कि इसलिए भी—और यह महत्त्वपूर्ण चीज़ है—कि एक औसत यूरोपवासी के लिए अतीत कहीं 'दूसरी तरफ़ की चीज़' नहीं, वह 'यहाँ और अब' की जीती-जागती तसवीर है—समय, समाज और इतिहास के सैकड़ों सूत्रों से वे उनके साथ जुड़े हैं, एक चर्च का आल्टर उनके लिए उतना ही जीवन्त है, जितना शेक्सपियर का कोई नाटक और उनका रसास्वादन करते समय वे ख़ुद अनायास अपने भीतर अपने समय का सृजन कर सकते हैं, जिसका बीते हुए ऐतिहासिक समय से कोई विरोध नहीं। हम भारतीयों की तरह उन्हें अपने को ज़ोर-ज़बरदस्ती परम्परा से जोड़ने की ज़रूरत नहीं महसूस होती, क्योंकि 'अतीत' उनके लिए एलोरा, उपनिषद् और अशोक चक्र जैसी बनी-बनाई पूँजी नहीं है, जिसे एक बार बैंक में जमा करवाकर पीढ़ी-दर-पीढ़ी उसके ब्याज पर एक उपजीवी की तरह जीवन-निर्वाह किया जाता है।

आश्चर्य नहीं, अतीत के प्रति इतना जागरूक होने के कारण ही पश्चिम ने ही, उन्नीसवीं शताब्दी में, ख़ुद हम भारतीयों को अपनी परम्परा की झलक दिखाई थी। राममोहन राय की एक समूची पीढ़ी इस तथ्य का प्रमाण है।

इसीलिए यूरोप में मुझ जैसे भारतीय पर केवल स्थानों का ही प्रभाव नहीं पड़ता, बल्कि समय का 'आक्रमण' भी होता है। शाश्वत समय की अँधेरी गुफा से हम पहली बार 'चलते समय' के खुले, संघर्षमय और द्वंद्वपूर्ण उजाले में आते हैं, जहाँ अतीत, परम्परा, आधुनिकता जैसे शब्द एक-दूसरे को काटते नहीं, एक-दूसरे को नया अर्थ देते हैं। यह एक पीड़ापूर्ण चेतना है—वह पीड़ा परम्परा के विरोध में भी है, उसकी स्वीकृति में भी। किन्तु यूरोप का सांस्कृतिक वातावरण इस चेतना पर आधारित है, अपने 'अवाँगार्द' तोड़-फोड़ आन्दोलनों के बावजूद। हम नये भारतीय लेखक इस तोड़-फोड़ की नक़ल तो कर लेते हैं, किन्तु समय की जिस पीड़ायुक्त, जीवन्त चेतना से इन आन्दोलनों का जन्म होता है,

उसका हमारे पास निरा अभाव है। जब हम परम्परा के बोध से पीड़ित ही नहीं, तब उसके विरुद्ध विद्रोह करने का विशेष कोई अर्थ नहीं, कोई गौरव भी नहीं। विरोध को गौरव और अर्थ देने के लिए जिस स्वीकृति की ज़रूरत है, वह हमारे पास नहीं। स्वीकृति के नाम पर हमारे पास उस टॉयलेट पेपर की तरह कुछ भारतीय पूर्वग्रह हैं, जिन्हें हम 'परम्परा' कहते हैं, जिसका न भारतीयता से कोई सम्बन्ध है, न आधुनिकता से।

यह आकस्मिक नहीं कि समय-बोध और ऐतिहासिक चेतना के अभाव में हमारे देश में पुराने लेखकों की भारतीयता उतनी ही अर्थहीन और थोथी जान पड़ती है, जितनी नई पीढ़ी की आधुनिकता। ऊपर से देखने पर ये दो धाराएँ एक-दूसरे का विरोध करती जान पड़ती हैं, किन्तु वास्तविकता यह है कि दोनों का जन्म ऐसे आत्म-केन्द्रित, आत्मतुष्ट, समयहीन और सीमांतवादी संस्कारों में हुआ है, जिसमें दोनों की खनक झूठी है, क्योंकि अपने दावों के बावजूद, दोनों ही बीसवीं शती की चुनौती से बेख़बर हैं। हम बीसवीं शती में उसी तरह रहते हैं, जैसे कुछ आधुनिक शहरों की सीमाओं पर आदिम जातियाँ। एक का समय दूसरे के समय से बिलकुल अलग है, हालाँकि महज़ दिन और रात के घेरे में दोनों एक ही समय में जीते हैं।

इस विकट अन्तराल के कारण ही उस प्रेत या सेंसर का आविर्भाव होता है, जिसका ज़िक्र मैंने इस लेख के शुरू में किया है। मैं अन्य भारतीयों के बारे में नहीं जानता जो यूरोप आते हैं, किन्तु जब मैं उन्हें प्राग या पेरिस की दुकानों में ट्रांज़िस्टर या नायलॉन कमीज़ें ख़रीदते हुए देखता हूँ, तो सहसा कहीं दबा हुआ प्रेत फिर जगने लगता है और इससे पहले कि हम एक-दूसरे के गले में हाथ डालकर अपने देश की स्मृति और परम्परा की दुहाई दें, मैं आँखें बचाकर दूसरी तरफ़ निकल जाता हूँ।

# अंग्रेज़ों की खोज में

वे काफ़ी सनकी हो सकते हैं, लेकिन ऐसी सनक नहीं, जो आपको उबा दे—उसमें अपने को अलग दिखाने का दिखावा नहीं। न ही वह सनक छिछोरेपन से पैदा होती है, उसमें हल्कापन नहीं। न ही कसैले क़िस्म का बोझिलपन है—वह एक बहते क़िस्म की लापरवाही के निकट ज़रूर है, लेकिन उस लापरवाही का उदासीनता से कोई सम्बन्ध नहीं। सनक की गरिमा के लिए जिस गहरे आत्मविश्वास की ज़रूरत होती है, वह उनमें है, किन्तु वे स्वयं आत्मसजग नहीं। इसीलिए वे ख़ुशमिज़ाज हैं। न उनमें फ्रेंच लोगों की चिड़चिड़ाहट है, जो आत्मलिप्त संकीर्णता का एक छोर है और न चेक लोगों की ज़रूरत से ज़्यादा विनम्रता, जो आत्महीनता का दूसरा छोर है। इस दृष्टि से वे यूरोप में अनूठे हैं।

मेरा मतलब है ये इंग्लैंडवासी। ये इंग्लैंडवासी हमारी कल्पना के 'अंग्रेज़' नहीं, इंग्लैंड में मेरा यह सबसे पहला अनुभव था। आज यह सोचकर मुझे हँसी आती है कि एक ज़माने में मैं इनसे कितना ख़ौफ़

खाता था, इन अंग्रेज़ों से। यह उस ज़माने की बात है, जब मैं अपने देश में था और वे विदेशी थे। आज मैं उनके देश में हूँ और सच पूछो तो डर लगने की बात तो दूर रही, मुझे ग़ुस्सा भी नहीं आता कि एक ज़माने में वे हमें कितना डराते थे। मुझे कभी-कभी यह सन्देह भी होता है कि मेरा उनसे कोई परिचय नहीं, हालाँकि हम एक-दूसरे को पहचानते ज़रूर हैं। यह काफ़ी 'दुविधाजनक' स्थिति है, जब कोई आदमी न अजनबी लगता है और न परिचित—और अचानक सड़क पर मिलने पर आप निश्चय नहीं कर पाते कि जल्दी से आँख बचाकर निकल जाएँ या दो मिनट झूठी मुस्कराहट के साथ जल्दी-से-जल्दी एक-दूसरे से छुटकारा पाने की कोशिश करें। दोनों ही स्थितियाँ झूठी हैं, क्योंकि असली स्थिति यह है (और यह इंग्लैंड में मेरी दूसरी खोज थी) कि हम हिन्दुस्तानी, जिन्हें अंग्रेज़ों को सबसे अच्छी तरह जानना चाहिए था, उन्हीं के बारे में सबसे कम जानते हैं। या दूसरे शब्दों में हम जिन अंग्रेज़ों को जानते थे, वह परिचय ही इंग्लैंडवासियों को जानने में हमारी सबसे बड़ी बाधा बन गया। यह एक कारण है कि मेरे लिए एक जापानी, आइसलैंडी, या चेक से परिचय पाना उतना मुश्किल नहीं, जितना एक अंग्रेज़ से, क्योंकि एक अंग्रेज़ से सही-सही परिचित होने के लिए यह ज़रूरी है कि मैं अपने भीतर के उस भ्रम से छुटकारा पा सकूँ कि मैं उससे पहले से ही परिचित हूँ।

परिचय का यह भ्रम काफ़ी स्वाभाविक है। पुरानी पीढ़ी के भारतीय—हमारे पिता-पितामह—अंग्रेज़ों को शासकों के रूप में जानते थे। बदमिज़ाज, चिड़चिड़े, दूर-दूर रहने वाले दबंग क़िस्म के जीव! अपनी ऐंठ में थोड़ा-बहुत भद्र, किन्तु अपनी विनयशीलता में बहुत कृपण। यह अंग्रेज़ों की 'इमेज' थी, जिसे पीढ़ी-दर-पीढ़ी हम स्वीकार करते आए थे। मुझे विश्वास है कि अगर उनकी 'ख़ुशमिज़ाजी' या 'सनकीपन' की बात मैं अपने पिता से कहता, तो उन्हें काफ़ी हैरानी होती और शायद वे

मेरी धारणा को मेरी सनक ही मानकर हँसी में टाल देते। और जब मैं अपने पिता की बात कह रहा हूँ, तो एक ऐसे शिक्षित हिन्दुस्तानी की, जिसने अपनी ज़िन्दगी का सर्वश्रेष्ठ भाग (हर दिन आठ घंटे—बीस वर्ष) अंग्रेज़ सहयोगियों के साथ एक ही दफ़्तर में गुज़ारा था। मुझे याद नहीं आता कि इस दौरान उन्होंने कभी हमसे अपने किसी अन्तरंग 'अंग्रेज़ मित्र' के बारे में चर्चा की हो, या उन्हें अपने घर आमंत्रित किया हो।

इससे अधिक निराली और क्या चीज़ हो सकती है, दो जातियों का दो सौ वर्ष पुराना लम्बा औपचारिक, दफ़्तरी सम्बन्ध! दफ़्तरी काम-काज के अलावा क्या वे कभी किसी और चीज़ की चर्चा नहीं करते थे? मैं कभी-कभी विस्मय में सोचता हूँ कि उनके और हमारे बीच एक गहरा, अभेद्य मौन था, जिसे न वे छूते थे, न हम छेड़ते थे। न उनमें इतना आत्मविश्वास था कि हममें खप सकें, न वे हममें इतना विश्वास जगा पाते थे कि हम उन्हें खपा सकें। हम उस दम्पती की तरह एक घर में रहते थे, जिन्हें तलाक़ देने की स्वतंत्रता नहीं, लेकिन वह मुक्त वातावरण भी नहीं, जहाँ वे डर-दबाव बिना खुलकर एक-दूसरे से प्रेम कर सकें। हम अंग्रेज़ों के उतने ही बन्दी थे जितने वे हमारे। और सही परिचय के रास्ते में यह सबसे बड़ी बाधा थी।

अगर मैं लन्दन में न आता, उनके साथ एक शहर में न रहता, तो शायद इन सब पहेलियों के बारे में कभी न सोचता। शायद इसमें मैं अकेला नहीं हूँ। दूसरे भारतीय-प्रवासी भी—अपने-अपने ढंग से—इसके बारे में सोचते हैं। इसका अनुभव कुछ दिन पहले हुआ, जब एक भारतीय मित्र ने मुझे बताया कि लन्दन आकर उन्होंने सबसे पहला काम जो किया, वह अपने जूते एक अंग्रेज़ मोची से साफ़ करवाना था। उनके लिए यह काफ़ी प्रीतिकर अनुभव था। मैं उनके सन्तोष और सुख को समझ सकता हूँ, क्योंकि जब तक 'साहब' मोची उनके जूतों पर पालिश करता रहा, काफ़ी खुले और मुक्त भाव से उनके साथ बातचीत करता रहा।

सम्भव है, मेरे इस मित्र की हरकत के पीछे 'बदला चुकाने' की हास्यास्पद भावना रही हो, किन्तु अंग्रेज़ मोची और हिन्दुस्तानी जूते का दो मिनट का यह सम्बन्ध उन दो सौ वर्षों के 'दफ़्तरी सम्बन्ध' से मुझे कहीं अधिक मानवीय और सहज जान पड़ा, जो अंग्रेज़ों और भारतवासियों के बीच रहा था। इन दो मिनटों के स्वच्छन्द मानवीय आदान-प्रदान में (चाहे उसका माध्यम जूता ही क्यों न रहा हो) मौन की दीवार अपने-आप ढह गई थी।

यह आकस्मिक नहीं कि हमारे एंग्लो-इंडियन साहित्य में अंग्रेज़ों का स्वाभाविक जीवन्त चित्रण कहीं नहीं मिलता—मेरा मतलब 'विलायती-साहब' से उतना नहीं, जितना हाड़-मांस के साँस लेते या भारतीय गर्मी में हाँफते सचमुच के अंग्रेज़ी अंग्रेज़ से है, एक ऐसा आदमी जो छावनी के बँगलों में मच्छरों और चूहों से डरता रातें गुज़ारता था, जिसे दिन-रात सुदूर-परिवार की चिन्ता सताती थी, जिसके इर्द-गिर्द हमेशा काले आदमी के विश्वासघात और विद्रोह का भूत मँडराता था। अपने में बन्द एक कमज़ोर, दयनीय, भयभीत अजनबी जो भारतीय रीति-रिवाजों की बात तो दूर रही, इस देश की गर्मी का भी अभ्यस्त नहीं हो सका। श्री नीरद चौधरी के इस कथन में मुझे काफ़ी सच्चाई दिखाई देती है कि हिन्दुस्तान में अंग्रेज़ों की बदमिज़ाजी और चिड़चिड़ेपन के पीछे हिन्दुस्तानी जलवायु का बड़ा हाथ रहा होगा! इंग्लैंड में मुझे यह बदमिज़ाजी या चिड़चिड़ाहट कहीं देखने को नहीं मिली।

हम उन्हें अनुशासनप्रिय जाति के रूप में जानते थे। यहाँ आकर महसूस होता है कि यूरोप में अगर कोई जाति अनुशासन की सबसे ज़्यादा खिल्ली उड़ाती है, तो शायद अंग्रेज़ हैं। वे लाल बत्ती के सामने रुकने वाले लोग नहीं। एक जर्मन या रूसी के लिए पुलिस सत्ता और आदर का प्रतीक है, एक अंग्रेज़ के लिए रास्ता पूछने की जगह उससे ज़्यादा उसका कोई महत्त्व नहीं। इससे बढ़कर और क्या व्यंग्य हो सकता है कि जिन 'मूल्यों' को 'हमने उनसे सीखा था—अनुशासन, बुर्जुआ-संस्कृति

की पवित्रता, विक्टोरियन संयम और सन्तुलन के आदर्श, स्वयं उनके देश में अब वे लुप्त हो चुके हैं। दूसरे छोर पर जिन चीज़ों को वे हमसे छिपाते थे—अपनी सनक और सहिष्णुता, अपनी असीम अराजकता, अपना असमंजस और दुविधाएँ, वे सब 'ग़ैर-अंग्रेज़ी' आदतें यहाँ आज भी क़दम-क़दम पर हर जगह दिखाई देती हैं।

विशेष कर दूसरों के प्रति उनकी असीम सहिष्णुता (और इसमें वे चेक लोगों के समान हैं) को देखकर मैं कभी-कभी ख़ुद झेंप जाता हूँ। शायद मेरे भीतर अब भी बचपन का डर बचा रह गया है। स्कूल से लौटते हुए हमें सबसे भयानक ख़तरा उन अंग्रेज़ टॉमियों से (जिनकी उम्र हमसे ज़्यादा नहीं थी) लगता था, जो हमारे साथ युद्ध करने के लिए हमेशा तत्पर रहते थे। अपने को बचाने के लिए हम बड़ी सड़क छोड़कर पहाड़ी-पगडंडियों पर लुकते-छिपते आते थे, किन्तु इसकी कोई गारंटी नहीं थी कि किसी पेड़ या झाड़ी के पीछे से निकलकर वे अचानक हम पर धावा न बोल दें। हम घर में किसी से कुछ न कहते थे, लेकिन स्कूल से बाहर निकलते ही हमारा दिल तेज़ी से धड़कने लगता। जब भारत में अंग्रेज़ी राज की कहानी लिखी जाएगी, तो शायद बच्चों के इस आतंक के बारे में एक फ़ुटनोट भी नहीं मिलेगा। लेकिन वह आतंक सचमुच हमारे लिए जीता-जागता दुःस्वप्न था। अगर वे अकेले होते, तो हम उनसे निबट लेते, किन्तु उनके साथ हिन्दुस्तानी नौकर होते थे (जिन्हें न जाने क्यों हम 'जमादार' कहते थे) जो हमारे प्रति गहरी हिक़ारत का भाव रखते थे और यह आश्चर्य की चीज़ नहीं थी। जिसने कभी हिन्दुस्तानी बाबुओं को अपने नौकरों के साथ सलूक करते देखा है, अगर यही 'नौकर' मौक़ा पाकर उनके (बाबुओं के साथ भी वैसा ही सलूक करें, तो आश्चर्य नहीं होना चाहिए।

आश्चर्य अगर होता है, तो सिर्फ़ इस विकट स्थिति पर कि इन्हीं बचपन के दिनों में हम अंग्रेज़ संस्कृति के इतना निकट आ पाए थे कि

स्वयं अंग्रेज़ों की दूरी हमें ज़रा भी नहीं अखरती थी। हम डिकेंस और स्कॉट के उपन्यास ज़रूर पढ़ते थे, लेकिन अजीब बात यह थी कि उनकी कथाएँ, उनके पात्रों के दु:ख-सुख हमें जिस दुनिया में ले जाते थे, उसका शिमला के साहबों की दुनिया से कोई तालमेल नहीं बैठता था। शाम को हवा-घर में बैठकर हम अंग्रेज़ लड़कियों को मंत्र-मुग्ध भाव से (जिसमें शुरू से सेक्स की उदासी छिपी रहती) ज़रूर देखते थे, किन्तु उनकी तुलना जाने-अनजाने कभी ज़ेन आस्टिन की नायिकाओं से नहीं की और यह स्वाभाविक भी था, क्योंकि उपन्यास की इमा को 'मेम' कहना हमें उतना ही बेढब जान पड़ता, जितना आलिवर ट्विस्ट जैसे पीड़ित लड़के की तुलना उन अंग्रेज़ लड़कों से करना, जो हमें पीड़ित करते थे! हम जितना ही अंग्रेज़-संस्कृति के निकट आते गए, उतना ही 'साहब-संस्कृति' से दूर हटते गए। किन्तु इतना दूर नहीं कि उसके दुष्प्रभावों से मुक्त रह सकें। दोनों का तनाव आज भी हम पर देखा जा सकता है।

इस दृष्टि से स्वातंत्र्योत्तर पीढ़ी के नवयुवक काफ़ी सौभाग्यशाली हैं। वे अंग्रेज़ों के प्रति हमारी और हमसे पुरानी पीढ़ियों की तुलना में अधिक सहज और नॉर्मल दृष्टिकोण रख सकते हैं। हमारी वर्जनाएँ, हमारे झूठे-सच्चे डर उनके लिए अर्थहीन हैं। उनके लिए अंग्रेज़ न तो समुद्र-पार के मलेच्छ रहे, जो वे हमारे पुरखों के लिए थे, न डर और विस्मय के प्राणी, जिनके विरुद्ध विद्रोह करना ही हमारा कर्तव्य था। लेकिन मुझे कभी-कभी यह सन्देह ज़रूर होता है कि आज जिन 'अंग्रेज़ों' से हमारे युवकों का सम्पर्क होता है, वे अंग्रेज़ उतना नहीं, जितना अन्तरराष्ट्रीय टोली के टूरिस्ट होते हैं, जिनका अपना कोई चरित्र और चेहरा नहीं। आज का टूरिस्ट पुराने ज़माने का घुमक्कड़ यात्रिक नहीं, जो अपने विशिष्ट निराले अनुभव ख़ुद अपने व्यक्तित्व की कसौटी पर नापता-तोलता था, बल्कि आज वह एक स्टैंडर्ड क़िस्म का पेटेंट जीव है, जो अपनी व्यक्तिगत सनकें, सलवटें अपने भीतर छिपाकर चलता है और वही

'गुण' बाहर लाता है, जो लेन-देन के काम आ सकें। फिर अधिकांश अंग्रेज़ टूरिस्टों की यह कोशिश रहती है—कुछ नई अपराध-भावना के कारण और कुछ पुराने पूर्वग्रहों के कारण—कि वे अन्य देशों के टूरिस्टों से अलग दिखाई न दें। पहले हम उन्हें इसलिए नहीं जान पाए, क्योंकि वे हमारे शासक थे, आज इसलिए नहीं जान पाते क्योंकि वे एक ऐसी 'भीड़' का भाग हैं, जिसका कोई चेहरा नहीं।

इसीलिए यहाँ जब कभी मुझे समय मिलता है, मैं अंग्रेज़ों को ढूँढ़ने निकल पड़ता हूँ। भला इंग्लैंड में वे नहीं मिलेंगे, तो और कहाँ आशा की जा सकती है? इसी को शायद कहते हैं—शेर को उसकी माँद में पकड़ना। आपको शायद हैरानी हो कि वे यहाँ हर जगह हैं! उन्हें ढूँढ़ पाना उतना मुश्किल नहीं, जितना अपने को तैयार कर पाना।

अजीब बात यह है कि सबसे पहले उन्हें जानने का अवसर मिला, एक नीग्रो युवक के माध्यम से। रात की पार्टी के आत्मीय वातावरण में नहीं, बल्कि खुले आकाश के नीचे। वह बारिश की शाम थी और मैं धूप की खोज में हाइड पार्क चला आया था। इतवार की हर दुपहर वहाँ 'खुली हवा' में कंसर्ट होता है—झरे हुए पत्तों और सरसराती घास के बीच वहाँ बैठकर मुझे बरबस शिमला के शनिवार याद हो आते थे, जब आर्मी हेडक्वार्टर्स का 'फ़ौजी ऑर्केस्ट्रा' 'रिज' के खुले मैदान में बैंड बजाता हुआ परेड करता था और हम स्कूल से लौटते हुए अपनी भूख-प्यास दवाकर उन्हें देखने रुक जाया करते थे। किन्तु उस दिन बारिश के कारण कुर्सियाँ ख़ाली पड़ी थीं। पानी में भीगती हुई ख़ाली कुर्सियों के उदास दृश्य से छुटकारा पाने के लिए मैं पार्क के दूसरे कोने में चला आया, जहाँ इक्के-दुक्के भाषणकर्ता इधर-उधर छितरे हुए लोगों को अपने 'श्रोताओं' में बदलने की कोशिश कर रहे थे। जब कभी बारिश की झड़ी कुछ ज़्यादा तेज़ हो जाती, लोग भागकर पेड़ों की आड़ में खड़े हो जाते और भाषणकर्ता अपने 'अनुयायियों' के अभाव में उन सेनापतियों की

तरह आमने-सामने हो जाते, जिनकी फ़ौजें मैदान छोड़कर भाग गई हों और जो अब एक-दूसरे से दो-दो हाथ होने के लिए मजबूर हों।

बाद में जब मौसम सुधर गया, तो मैंने कुछ आश्चर्य से देखा कि श्रोताओं का सबसे बड़ा मजमा एक नीग्रो-युवक के सामने लगा है, जो हर शब्द में अंग्रेज़ों को धिक्कार रहा था। उसकी भाषा गाली-गलौज से दूर नहीं थी, किन्तु अंग्रेज़ों की भीड़ बड़े ध्यान और धैर्य से उसे सुन रही थी।

"आपकी संस्कृति दो कौड़ी की है..." नीग्रो युवक कह रहा था, "डिकेंडेंट लोगों की सभ्यता भी अगर दुर्गंधमय हो, तो कोई आश्चर्य नहीं। सब देशों के अपने-अपने राष्ट्रीय संगीत हैं, अंग्रेज़ लोगों का अपना कोई संगीत नहीं। (भीड़ के पीछे से एक कमज़ोर आवाज़ आई, 'बीटल्स'—नीग्रो ने हाथ हिलाकर उसे रफ़ा-दफ़ा कर दिया।) अंग्रेज़ इतने गए-बीते हैं कि संगीत की बात तो दूर रही, उनका अपना कोई राष्ट्रीय भोजन भी नहीं, हर जगह यूनानी, पाकिस्तानी रेस्तराओं में घुसे रहते हैं। आपकी आर्थिक अवस्था दिन-पर-दिन गिरती जा रही है, क्योंकि आप आलसी लोग हैं, काम से दूर भागते हैं। ज़रा जर्मनों को देखिए, कैसी तरक़्क़ी की है उन्होंने! उनके सामने आप भिखमंगे नज़र आते हैं। मैंने इसलिए अरसे से अंग्रेज़ी चीज़ें इस्तेमाल करना छोड़ दीं—भला घटिया और रद्दी चीज़ों को पहनकर कौन अपनी हँसी उड़ाए! आप विश्वास नहीं करते तो देखिए, मेरी यह पतलून बेल्ज़ियम की बनी हुई है, मेरी कमीज़ इटैलियन, मेरी बनियान (उसने कमीज़ के भीतर से बनियान का एक मैला-सा छोर दिखाया) फ्रेंच, मेरी जुराबें जर्मन ('मेरा जूता है जापानी', मैंने सोचा, लेकिन उसकी कल्पना दूर नहीं गई)।"

उसका धाराप्रवाह भाषण जारी था। लोगों की भीड़ बढ़ती जा रही थी और इधर-उधर कुछ फ़ब्तियों के अलावा वे सब मंत्रमुग्ध होकर उसे सुन रहे थे।

"अंग्रेज़ लोग प्रेम करना भी नहीं जानते," उसने हँसते हुए कहा, "हर जगह साले होमोसेक्सुअल नज़र आते हैं। एक अंग्रेज़ मुझे एक रात के लिए पचास पौंड देने को कहता था..." ("यार, तुम पाँच शिलिंग में तैयार हो जाओगे, मीटिंग के बाद मिलूँगा," पीछे से आवाज़ आई)।

नीग्रो ने और आवाज़ों की तरह इसे भी नफ़रत से अनसुना कर दिया, लेकिन उसे शायद थोड़ी-सी ठेस ज़रूर लगी और उसने अपने अमोघ हथियार का सहारा लिया। भीड़ में एक अंग्रेज़ लड़की से (जिसका मित्र बार-बार नीग्रो की बातों पर हँस रहा था) उसने पूछा, "क्या तुमने किसी नीग्रो को चूमा है?"

लड़की का चेहरा गुलाबी हो आया, किन्तु उसने बुरा नहीं माना और संयत स्वर में कहा, "हाँ, चूमा है।"

नीग्रो युवक ने मुस्कराकर लड़की के मित्र की ओर देखते हुए पूछा, "कुछ अन्तर पता चला?"

इन प्रश्न पर भीड़ के लोग, जिसमें लड़की और उसका मित्र भी शामिल थे, ठहाका मारकर हँसने लगे। उस हँसी में कोई झेंप या झुँझलाहट नहीं थी। स्वयं उस नीग्रो युवक को मानो उनसे यही आशा थी और तब मुझे वह एक नाटक-सा जान पड़ा, जिसमें नीग्रो का गुस्सा और अंग्रेज़ श्रोताओं का मनोरंजन एक ऐसे 'लैंडस्केप' का हिस्सा थे, जिसे इंग्लैंड के अलावा किसी और देश में देखना असम्भव है। यह 'नाटक' स्वयं अंग्रेज़ संस्कृति का एक पहलू है, जहाँ कहने की शक्ति उतनी ही असीम है, जितनी सहने की। और नीग्रो का आक्रोश अपने बचकाना तर्कों के बावजूद शायद इस पैटर्न का अंग था, जहाँ वह अपने भाषण में एक व्यक्ति को भी नाराज़ नहीं कर सका था। शायद 'नाराज़ करना' उसका उद्देश्य भी न था, वरना वह स्वयं इतने हास्यास्पद तर्क प्रस्तुत न करता। किन्तु यह क्या कम गर्व की बात थी कि वह सबसे ज़्यादा भीड़ को अपने प्रति आकर्षित करने में सफल हुआ था और दूसरे भाषणकर्ता बार-बार ईर्ष्या से उसकी ओर देखते थे?

अंग्रेज़ों की यह सनक काफ़ी ग़ैर-रोमांटिक है, लेकिन रोमांस से अलग नहीं, अगर इस शब्द का मतलब है, औसत में असाधारण की खोज। एक ऐसा गुंफिल संसार, जिसमें गुलिवर के अतिमानव और बौने—दोनों ही हमारी औसत, दैनिक ज़िन्दगी की विसंगतियों का उद्‌घाटन करते हैं। सम्भवतः अंग्रेज़ों का चरित्र इन दो परस्पर विरोधी तत्त्वों के अनोखे सम्मिश्रण की उपज है, जहाँ 'बीच' को खोजने के लिए दोनों तरफ़ के हाशियों से गुज़रना ज़रूरी है। एक ऐसा प्रदेश, जहाँ 'सुन्दर' और 'हास्यास्पद' हम बिस्तर जीते हैं!

अगर चेक-चरित्र का सबसे जीवन्त चरित्र मुझे 'भला सिपाही श्वायक' लगता है, तो अंग्रेज़ी चरित्र के आइने से हमेशा मुझे उस नन्ही लड़की की छाया दीखती है, जिसका नाम एलीसि था और जो एक क़दम लेते ही अपनी औसत ज़िन्दगी को छोड़ एक मायावी विस्मय-लोक में चली जाती थी, या यों कहें कि 'जाने' का भ्रम देती थी, क्योंकि अन्ततः वह रहती थी हमेशा अपनी औसत दुनिया में—कुछ वैसे ही, जैसे एक दूसरे स्तर पर लियर और उसका विदूषक। एक की कल्पना दूसरे के बिना असम्भव लगती है, क्योंकि दोनों अलग-अलग चरित्र होते हुए भी एक स्थिति के दो पहलू हैं, अन्योन्याश्रित। साहित्य में 'एब्सर्ड' का फ़ैशन नया ज़रूर हो, किन्तु जिसे हम 'नानसेंस' कहते हैं, अर्थहीन नहीं, बल्कि अर्थ से अलग और परे, उसकी परम्परा यहाँ शेक्सपियर से जॉनसन और जॉनसन से जॉयस तक अविरल चली आई है—ट्रैजिक, बाज़ारू, 'अश्लील...बेहद की हदों को छूती हुई।'

लन्दन में मेरा सबसे स्मरणीय अनुभव उन विरोधी प्रदर्शनों को देखना था, जिनमें हज़ारों लड़के-लड़कियाँ भाग लेते थे। पहली बार मुझे पता चला कि पिछले वर्षों में क्रान्ति का चेहरा कितना बदल गया है। हमने अपने समय में बुर्ज़ुआ सिद्धान्तों का विरोध ज़रूर किया था लेकिन सच पूछो तो नख-शिख से लेकर हमारा शिष्टाचार, क़ायदे-क़दम,

नैतिक मूल्य वही थे, जो हमने विरासत में पाए थे। हम जिस समाज का कोढ़ बाहर अपने नारों द्वारा उघाड़ते थे, वह घर के रिश्तों में, हमारी आत्मा में, हमारे मध्यवर्गीय स्वप्नों और समझौतों में, हमारी डिग्रियों की औपनिवेशिक शिक्षा में, हमारे समूचे आचार-व्यवहार में रसता-बसता था। हमने बहुत कुछ बचाकर रखा था, इसलिए जो कुछ बचाने योग्य था, वह भी हम नहीं बचा पाए। हममें सब कुछ 'छोड़ने' का साहस नहीं था, इसलिए हमें इतना नैतिक अधिकार नहीं था कि सब कुछ पाने की माँग कर सकें।

यह सबसे बड़ा अन्तर था—हममें और इस युवा पीढ़ी में। इनके कपड़ों और बालों का 'दिखावा' शायद हमें अखरे, किन्तु वे इस ओर ध्यान भी न देते थे। 'दिखावा' हम तभी करते हैं, जब एक दूसरी दुनिया हो, जो हमें देखे, जिससे हम डरते हैं और जिसे हम डराना चाहते हैं, जिसके साथ हम बँधे हैं, और उससे मुक्त होना चाहते हैं। इस पीढ़ी के लड़के-लड़कियों में इस तरह की कोई दिलचस्पी नहीं। 'उनकी दुनिया' के प्रति वह सम्पूर्ण रूप से उदासीन है, 'उनसे ' कोई आशाएँ नहीं, इसलिए 'उनके' युद्ध, 'उनके' छद्म समाजवादी पाखंड (चाहे वह वियतनाम में बच्चों को जलाने वाले नापाम बम हों, या चेकोस्लोवाकिया को 'मुक्त' कराने वाले टैंक) से कोई दुःख और आक्रोश नहीं। इसीलिए यह पीढ़ी ओस्बोर्न और वेस्कर की 'नाराज़ पीढ़ी' से बिलकुल अलग है। नाराज़गी उससे होती है, जिससे कुछ आशाएँ हों। इस पीढ़ी को कहीं से, किसी से कोई आशा नहीं। उन्होंने सब कुछ ठुकरा दिया है, सब कुछ पाने के लिए।

उस दिन लन्दन के नीले आकाश तले 'बीसवीं शती के ये मध्यकालीन भिक्षुक' मुझे सचमुच काफ़ी प्रसन्न और हल्के जान पड़े। उन्होंने बहुत कुछ खो दिया है, जो हमारे लिए बहुत मूल्यवान था। किन्तु जो हमारे लिए मूल्यवान था, वह स्पेन, प्राग और मॉस्को के लिथड़े

स्वप्नों की प्रेत-छायाओं तले कब का नष्ट हो चुका है! इसीलिए इन्हें हमारी पीड़ा से कोई सहानुभूति नहीं। यह एक प्रसन्न पीढ़ी है, क्योंकि वह धरती पर 'ट्रेवल लाइट' के सिद्धान्तों में विश्वास रखती है—उतने ही बिस्तर-सामान के साथ जो ज़रूरी है, उसमें हमारे भ्रमों को भरने की गुंजाइश नहीं। प्रसन्न, क्योंकि उसने हमारी पीढ़ी की समस्त निरर्थक व्यथाओं (लेकिन मानवीय पीड़ा से नहीं) और आदर्शों (लेकिन स्वप्नों से नहीं) से छुटकारा पा लिया है।

यह प्रसन्न हल्कापन, एक अनायास उच्छलता और अहं से अछूता आत्मविश्वास न केवल अंग्रेज़ों की नई पीढ़ी की विशेषता है, बल्कि लन्दन के गिरजों की भी। इसमें कोई संयोग नहीं, क्योंकि ये गिरजे ऐसे युग में बने थे जब इंग्लैंड में इसी तरह का खुलापन और आत्मविश्वास था, जैसा आज है। यदि कोई मुझसे पूछे कि प्राग और लन्दन में मुझे सबसे ज़्यादा, आँखों को खटकने वाला अन्तर कहाँ जान पड़ा, तो मैं बेझिझक कह सकता हूँ—इन शहरों के गिरजों में। शायद एक देश के लोगों का चरित्र बहुत कुछ उसके गिरजों, उनकी बनावट में ही नहीं, बल्कि दीवारों के भीतर अँधेरे और उजाले के रिश्तों में छिपा रहता है। प्राग के गॉथिक गिरजों के भीतर हमेशा मैं अपने को बहुत छोटा, बहुत नगण्य पाता था, जैसे हमारी आत्मा नंगी होकर किसी अँधेरे कोने में ठिठुर रही हो, जहाँ धूप और गरमाई कभी उसे न छू सकेगी। कभी-कभी सोचता हूँ कि यह महज़ संयोग नहीं था कि काफ़्का ने अपने उपन्यास 'ट्रायल' का सबसे मर्मांतक दृश्य एक ऐसे गिरजे में ही चुना था, जिसकी दीवारों के पीछे ही 'कुत्ते की तरह' काफ़्का के नायक ने अपनी साँसें तोड़ी थीं। चेक गिरजों की दीवारों के भीतर अगर हम अपने को अवश पाते हैं, तो उनके बाहर की दुनिया सचमुच 'आँसुओं की घाटी' जान पड़ती है...' और यही आत्महीनता, घुटा हुआ डर, अपने को अकेला और असहाय पाने की अनिवार्यता, धीरे-धीरे चेक चरित्र का हिस्सा बनते गए हैं।

लन्दन के रेनासाँ गिरजों में—विशेष कर वे गिरजे, जिन्हें लन्दन की विध्वंसकारी आग के बाद रैन ने बनाया था—इस तरह का कोई बोझ और विषाद नहीं। उनकी दीवारें आपको दुनिया से अलग करके अपने में नहीं समेटतीं, बल्कि वे खुली धूप और बहती हवा में आपको अपने पर छोड़ देती हैं। मुझे अब भी वह सुखद सुबह याद आती है, जब मैं पहली बार सेंट पाल चर्च में गया था, और भीतर जाते ही मेरी चिन्ताएँ ख़ुद-ब-ख़ुद झर गई थीं, मुझे यह सोचकर कुछ अजीब भी लगा कि एक ऐसे युग के गिरजों में मुझे 'धार्मिक-बोध' होता है, जिस युग में धार्मिकता सबसे कम थी, या जिसमें धार्मिक बिम्ब सबसे अधिक 'दैहिक', सबसे अधिक मांसल थे—देखिए राफाल की मैडोना को। एक दृष्टि से इतने दैहिक प्यार, इतनी गदराई मांसलता के बाद, चाहे वह गिरजों की हो या चित्रों की, ईसा की यातना और भी भयंकर, और भी असह्य जान पड़ती है, क्योंकि पहली बार हम उसे अपनी खाल और हड्डियों तले नंगे, 'फ़िज़िकल' स्तर पर महसूस करते हैं। जिन अंगों से इतना सुख भोगा जा सकता है, जब तक हम यह न जान पाएँ, तब तक सूली पर लटकी, काँटों से छलनी, लहूलुहान देह के कष्ट की कल्पना करना असम्भव है। गॉथिक गिरजों में ईसा की यातना 'अपार्थिव' है—हमें महज़ याद दिलाती है कि इस महान पीड़ा के सामने हमारे सुख-दु:ख कितने छिछोरे हैं। रेनासाँ गिरजे में ईसा की सलीब ख़ुद हमारी यातना है, छोटी सही, लेकिन पूरी मानवीय और उसके सामने न जाने क्यों हम ख़ुद थोड़े-से बड़े हो जाते हैं, साहस और गौरव का एक अंश हमें भी छू जाता है।

मैं आज भी वह क्षण नहीं भूल पाता जब उस दिन सेंट पाल के गिरजे में घूमते हुए मेरी दृष्टि अचानक एक ऐसी 'मूर्ति' पर पड़ गई, जिस पर बाहर की धूप का धब्बा गिर रहा था। उस संगमरमर के पत्थर पर छनता हुआ आलोक! मैं बहुत देर तक उसे देखता रहा। प्रकाश, पीड़ा और पत्थर—इन तीनों के जादुई मेल से जिस अकेली करुणा का

आविर्भाव हुआ था, वह इतनी तात्कालिक, इतनी 'अभी' और 'यहाँ' की चीज़ थी कि कुछ देर तक मुझे विश्वास नहीं हो सका कि जिस 'व्यक्ति' की वह मूर्ति है, उसकी मृत्यु लगभग दो हज़ार वर्ष पहले हो चुकी थी।

ईसाई धर्म का यह तात्कालिक आग्रह मुझे हमेशा आश्चर्य में डाल देता है। लन्दन की सड़कों पर चलते हुए जब मैं किसी चैपल या कैथोलिक किताबों की दुकान के आगे ऐसा कोई बोर्ड पढ़ता हूँ, 'भूलिए नहीं, ईसा मसीह ने आपके पापों का प्रायश्चित्त किया था', 'आपकी रक्षा के लिए सलीब उठाई थी' तो कुछ ऐसा लगता है, मानो यह कोई अभी-अभी की घटना हो! मानो इस नाम का कोई व्यक्ति अभी कुछ दिन पहले सूली पर चढ़ा हो! जैसे ख़ुद हम उसके लिए ज़िम्मेवार हों! अनेक धर्म हैं—ईसाई धर्म से अधिक गहरे, अधिक पुराने, शायद अधिक सारपूर्ण भी। किन्तु किसी धर्म में इतनी तात्कालिकता नहीं। जैसे यह 'पीड़ा', जो एक व्यक्ति ने भोगी थी, आज भी हवा में है, जिसमें हम साँस लेते हैं। या शायद एक ग़ैर-ईसाई होने के नाते मुझे यह चीज़ ज़्यादा महसूस होती है? कुछ महीने पहले मैं कांवेंट्री गया था। यह वह छोटा-सा शहर है, जिसके कैथेड्रल को नाज़ी बमों ने युद्ध में बिलकुल नष्ट कर दिया था, उसके खँडहर आज भी जैसे-के-तैसे मौजूद हैं। युद्ध के बाद इन्हीं खँडहरों के पास एक नया कैथेड्रल बना है—आधुनिक वास्तुकला की बहुत आकर्षक इमारत। मुझे काफ़ी आश्चर्य हुआ और मेरे लिए यह प्रीतिकर अनुभव था कि नये आधुनिक कैथेड्रल के आल्टर पर जो टेपेस्ट्री है, उस पर जीसस क्राइस्ट का चित्र-डिज़ाइन इंग्लैंड के अग्रणी आधुनिक चित्रकार ग्राहम सदरलैंड ने बनाया था। पश्चिमी यूरोप में 'यीशु-गाथा' आज भी एक जीवन्त प्रतीक है, जिसकी तात्कालिक शक्ति और आग्रह ने अनेक कलाकारों—रुओ, बेकन, शागाल—को अपनी ओर आकर्षित किया था। मेरे लिए यह चीज़ और भी अधिक दिलचस्प थी, क्योंकि अपने 'आध्यात्मिक देश' में शायद ही आज कोई

ऐसा भारतीय कलाकार हो, जो अपने धर्म के प्राचीन प्रतीकों से ऐस्थेटिक प्रेरणा प्राप्त करता है, या कर सकता है।

तब मुझे एक और रात याद आती है। बहुत वर्षों पहले मैं प्राग में था और क्रिसमस ईव की रात थी। उन दिनों गिरजों में आधी रात की सर्विस पर पाबन्दी थी, लेकिन उस शाम हमने यह अफ़वाह सुनी कि पहले वर्षों की तरह उस रात गिरजे खुलेंगे और आधी रात की घड़ी में प्रार्थना भी होगी। ग्यारह बजे के क़रीब मैं बियर-पव से बाहर आया। चारों तरफ़ लड़के-लड़कियों के झुंड घूम रहे थे। ओल्ड टाउन स्क्वायर का गिरजा सबसे निकट था, वे सब वहीं जा रहे थे। पूछने पर पता चला कि दूसरे सब गिरजे बन्द पड़े हैं। अब अन्तिम आशा अन्तिम गिरजे पर थी। ज़ाहिर था, अफ़वाह महज़ अफ़वाह थी और मेरा सन्देह और भी पक्का हो गया जब मैंने स्क्वायर के गिरजे के आगे उन थके-माँदे लोगों की भीड़ देखी, जो निराशा में डूबे बाहर खड़े थे। गिरजे के भीतर अँधेरा था, खिड़कियाँ-दरवाज़े बन्द पड़े थे। यह तिन चर्च था, जिसकी बग़ल में एक ज़माने में काका के पिता की दुकान थी, और वह दुकान भी अरसे से बन्द थी।

लोग बहुत रात तक प्रतीक्षा में खड़े रहे। जीसस के जन्म की घड़ी आई और चली गई, लेकिन गिरजे में पहले की तरह अँधेरा था। फिर बर्फ़ गिरने लगी। और तब मैंने देखा कि लड़के-लड़कियाँ गिरजे की सीढ़ियों पर बैठ गए हैं और फिर उनकी देखा-देखी में दूसरे बूढ़े-अधेड़ लोग भी बैठ गए, जैसे गिरजे के आगे धरना दे रहे हों। फिर एक लम्बे बालों वाले लड़के ने अपना गिटार निकाला और वे गाने लगे। पॉप क़िस्म के गीत, कुछ लोकधुनें (लेकिन धार्मिक गीत नहीं), कुछ बहुत पुराने गीत, जिनका जन्म उन लड़के-लड़कियों के जन्म से बहुत पहले हुआ था। गिरजे के आगे वे गा रहे थे और बर्फ़ चुपचाप गिर रही थी और इनके स्वरों के आग्रह में कुछ ऐसा था जिसे हम लैटिन में 'पैशन'

कहते हैं और जिसका संस्कृत में कोई पर्याय नहीं। लेकिन जिसमें करुणा और आनन्द और लगाव—सब कुछ मिला था। लन्दन के सेंट पॉल में उस रोज़ धूप और संगमरमर के सामने मैं अनायास प्राग की उस रात के बारे में सोचने लगा था। सीढ़ियों पर बैठे लोगों और गिरती हुई बर्फ़ के बारे में और गिटार के गीतों की उस आकांक्षा के बारे में, जो आज भी उस शहर में रेंग रही है।

किन्तु मैं लन्दन में हूँ, बीते हुए 'अपने इतिहास' से बहुत दूर। फिर सहसा याद आता है—ख़ुद इस शहर को किसी ने 'तरल इतिहास' की संज्ञा दी थी, एक बहते हुए इतिहास के तट पर टिका हुआ नगर। किसी शाम जब मैं अपने लन्दन के इस कमरे में, जो कभी-कभी मुझे दोस्तोएव्स्की की याद दिलाता है, अकेला रह जाता हूँ, तो अक्सर कल्पना करता हूँ कि जब पत्ते उगने शुरू होंगे और बाहर की धुंध छितरेगी, तो स्टीमर से हैंपडन कोर्ट जाऊँगा। नहीं, उसका मुझसे कोई सम्बन्ध नहीं। किन्तु जब मैं उस नाम को पढ़ता हूँ, मैं दिल्ली की गर्मियों में चला जाता हूँ, परीक्षाओं के उनींदे, अप्रैली दिन और होस्टल की लाइब्रेरी। अपनी सब किताबों को छोड़कर मैं उन दिनों वह अजीब उपन्यास 'वेव्ज़' (वर्जीनिया वुल्फ़) पढ़ा करता था, जिसके पात्रों ने बचपन साथ बिताया था और बड़े होने पर यह तय किया था कि एक शाम वे एक साथ हैंपडन कोर्ट के लॉन पर बिताएँगे। और वे मिले भी थे, हालाँकि वे अब बहुत बदल गए थे। और शाम के झुटपुटे में मैं उनकी आवाज़ अपने कॉलेज के लॉन में सुना करता था। टेम्स के तट की झाड़ियों के पीछे फुसफुसाते शब्द, जिनके साथ मेरी परीक्षाओं की गर्मियाँ जुड़ी हैं।

जब मैं किसी शाम विक्टोरिया-एंबेंकमेंट पर आता हूँ तब मैं सोचता हूँ, कि मेरे लिए लन्दन 'विदेश' उतना नहीं, जितना अपने अतीत की पुनर्यात्रा है—पहली बार आने पर ही लगता है कि यह दूसरी बार का आना है। तुम चलते-चलते सहसा रुक जाते हो। दूसरी तरफ़ दक्षिणी तट है।

साउथ बैंक का नाम सुनते ही याद आता है कि शेक्सपियर इसी पुल से गुज़रकर उस तट पर जाते थे, जहाँ ग्लोब थियेटर था। इसी वेस्टमिंस्टर पुल पर वड्र्सवर्थ ने वह कविता लिखी थी, जिसे हमें स्कूल में आँसू बहाते हुए कंठस्थ करना पड़ता था। आँसू कविता पढ़कर नहीं, कंठस्थ करने के कष्ट से आते थे। यहीं, इसी एंबेंकमेंट पर (दिल्ली के कनॉट प्लेस की तरह) विक्टोरियन युग में अपनी लम्बी फ्रॉकों और पूरी स्लीव के जंफरों में गुड़ियों-सी बनी-ठनी लड़कियाँ चहल-पहल करती थीं। इन्हीं की सुविधा के लिए बर्नार्ड शॉ ने म्यूनिसिपल कमेटी में यह बिल पेश किया था कि औरतों के लिए भी सड़क पर 'पेशाबघर' होने चाहिए। विक्टोरियन काल में यह समझा जाता था कि स्त्रियों को इस तरह की 'ज़रूरतों' की कोई ज़रूरत नहीं।

लेकिन अब यह लन्दन का उपेक्षित हिस्सा है। ख़ुद टेम्स धीरे-धीरे किनारे का नाला बनकर रह गई है। वह लन्दन की आत्मा का अंश नहीं (हालाँकि लन्दन की देह को उसने ही जन्म दिया था), जिस अर्थ में सेन पेरिस का हृदय है, और वल्तावा प्राग का स्वप्न। न जाने कितने दिन गुज़र जाते हैं और लन्दनवासी अपनी नदी के दर्शन भी नहीं करते। उस पर से गुज़रना ही पड़ता है, तो शायद ही कभी नीचे झाँककर देखते हों कि नीचे उनका बहता इतिहास है—पानी एक बार बहकर हमेशा के लिए बह जाता है, किन्तु उसे घेरती नदी शाश्वत है। शायद इसीलिए प्राग के नवप्रेमी अभी भी अपने मिलन की पहली 'डेट' किसी पुल पर करते हैं। सेन के किनारे कितने लोगों को मैंने अपने ख़यालों में डूबे, गुमसुम नज़रों से गुमसुम बहते पानी को देखते पाया है। लेकिन शायद मैं ग़लत हूँ। लन्दन बहुत पुराना नगर है और टेम्स बहुत पुरानी नदी और दोनों ही अपने सनकी ढंग से एक-दूसरे को चाहते हैं—मातीस के उस चित्र की तरह, जिसमें एक बहुत बूढ़ा आदमी एक बूढ़ी बिल्ली को गोद में लिये बैठा है—दोनों ही बहुत शान्त और सुखी नज़र आते हैं।

एक-दूसरे से बेख़बर ज़रूर हैं, लेकिन यह बेख़बरी ऐसी है, जो एक लम्बी उम्र के प्यार से उत्पन्न होती है।

क्या यह भी प्यार नहीं? शहर का अपने लोगों से, लोगों का अपनी नदी से बेख़बर क़िस्म का प्यार, लेकिन एक-दूसरे की गोद में तीनों ही सुरक्षित हैं। सुखी हैं? मुझे नहीं मालूम। पिछली रात जब मैंने अपने कमरे का दरवाज़ा खोला, तो देखा कि मेरे बिस्तर पर, किताबों पर, दीवारों पर लगी उस अख़बारी तसवीर पर, जिसमें गोर्की और टॉल्स्टॉय खड़े हैं, कुर्सी पर लटकते मेरे कपड़ों पर—हर जगह—एक चमकीला आलोक फैला था। लन्दन की चाँदनी से यह मेरी पहली मुलाक़ात थी और वह ख़ुद मेरे कमरे में चली आई थी। मैं बिना बत्ती जलाए कुछ देर तक कमरे की देहरी पर खड़ा रहा। देर तक मैं अपने लन्दन के इन अजीब दिनों और उसमें गुज़रती अपनी उम्र के बारे में सोचता रहा। मैं इस लेख के बारे में भी सोचता रहा, जो लन्दन के बारे में उतना नहीं, जितना अतीत के बारे में है। और तब सहसा मुझे वे शब्द याद हो आए, जो एक प्रवासी लेखक ने बुढ़ापे में पेरिस के बारे में लिखे थे : "वह एक पुराना शहर था और उन दिनों हम जवान थे और वहाँ कोई भी चीज़ आसान नहीं थी—ग़रीबी भी नहीं। कभी-कभी की अचानक अमीरी भी नहीं, चाँदनी भी नहीं, सही और ग़लत का भेद भी नहीं। उसकी साँसें भी नहीं, जो चाँदनी में तुम्हारे साथ सो रही हैं।"[1]

लन्दन भी बहुत पुराना शहर है और प्राग भी। और जब मैं एक में होता हूँ तो अक्सर दूसरे के बारे में सोचता हूँ। लेकिन उस रात मैं देर तक उपर्युक्त पंक्तियों के लेखक के बारे में सोचता रहा। उसकी ज़िन्दगी के बारे में, और वह आसान नहीं थी। उसकी मृत्यु के बारे में, जिसने सब पुलों को पार कर लिया था और वह आसान बन गई थी।

---

1. हेमिंग्वे : 'मूवेबल फ़ीस्ट'

# अँधेरे में एक चीख़

बीसवीं शताब्दी में साहित्य की जो विधा सबसे पहले अपने अन्तिम छोर पर आकर ख़त्म हो गई, वह कहानी थी। चेख़ॅव की कहानी 'कहानी' का अन्त है—या दूसरे शब्दों में कहें, उसके बाद 'कहानी' वह नहीं रह सकेगी, जिसे आज तक हम कहानी की संज्ञा देते आए हैं। आज प्रश्न चेख़ॅव की परम्परा को (इस अर्थ में प्रेमचन्द की 'परम्परा' सिर्फ़ एक छाया है—वह अप्रासंगिक है) आगे बढ़ाने का नहीं है, उससे मुक्ति पाने का है। सौभाग्यवश हिन्दी कहानी के सामने ऐसी समस्या नहीं है—वह अभी चेख़ॅव से भी बहुत पीछे है।

इसीलिए जब हम 'नई' कहानी की बात करते हैं, तो हमें कहानी की मृत्यु से चर्चा आरम्भ करनी चाहिए। हमें इससे मदद मिल सकती है—कहानी को पुनर्जीवित करने के लिए नहीं बल्कि उसे अन्तिम रूप से छोड़ने के लिए। किसी ने कहानीकार के लिए कहा है—आत्मा का डिटेक्टिव। डिटेक्टिव की यह विशेषता है कि वह 'सन्दिग्ध' व्यक्तियों

का पीछा करता है, ताकि उनका भेद मालूम कर सके। वह हमेशा पीछे है और बाहर है। जिस व्यक्ति का भेद वह जानना चाहता है, उसे वह छू नहीं सकता। उसके निकट नहीं आ सकता। जिस क्षण हम एक कथाकार की हैसियत से अपने इस 'बाहरीपन' को समझ लेते हैं, कहानी की पुरानी विधा हमारे लिए निरर्थक हो जाती है। हम परिचित भूमि से हटकर एक 'न्यूट्रल ग्राउंड' में आ जाते हैं, जहाँ हर स्थिति गोपनीय है, हर पात्र 'सन्दिग्ध' है।

इसलिए कोई फ़ायदा नहीं, 'पुराने' लेखकों से आगे बढ़ने का। डॉन कुइक्ज़ोट की तरह हम उन पवनचक्कियों को राक्षस समझ के गिरा भी दें, तो भी हम वहीं रहेंगे, जहाँ पहले थे। जिस भूमि पर 'नई कहानी' को जन्म लेना है, वहाँ उनकी 'पुरानी' कहानी का महत्त्व काफ़ी कम है—हम जिसे 'नई कहानी' कहते आए हैं—उसका महत्त्व और भी कम!

क्योंकि अगर हम ध्यान से देखें—'नई कहानी' अपने में ही एक विरोधाभास है। जिस हद तक वह 'कहानी' है, उस हद तक वह नई नहीं है। जिस सीमा तक वह नई है, उस सीमा तक वह कहानी नहीं है—जैसा आज तक हम उसे समझते आए हैं। यह ज़रा भी आकस्मिक नहीं है कि चेख़ॅव के बाद हर महत्त्वपूर्ण 'कहानी' 'कहानी एज़ सच' से बहुत दूर हटती गई है। बीसवीं शताब्दी की सबसे महान कहानी 'डेथ इन वेनिस' सिर्फ़ एक फ़ेबल है—या फ़ॉकनर की कोई भी 'कहानी' गद्य के टेक्सचर पर है, एक काव्य-खंड चट्टान पर खींचे गए भित्ति-चित्रों-सी जादुई है—या फिर सबसे नई कथाकार नातालिये साख़्त की लम्बी कहानियाँ, जिनमें पहली बार पाठक कहानी में कहानी न होने के अजीब 'टेरर' को महसूस करता है। अगर वे कहानियाँ हैं, तो सिर्फ़ 'आत्मघाती' अर्थ में—एक फ़ेबल है, दूसरी कविता, तीसरी एंटी-कहानी—उन्होंने स्वयं बड़ी निर्ममता से अपनी ही विधा को तोड़ा है। उसके चौखटों से मुक्त होकर उन सूखी और कठोर और नामहीन चीज़ों को छूने की कोशिश की है, जो पकड़ के बाहर हैं।

कोशिश—क्योंकि अन्ततोगत्वा कहानी सिर्फ़ एक कोशिश है—एक डिटेक्टिव को सिर्फ़ उन सुराग़ों पर ही निर्भर रहना पड़ता है जो उसके पात्र पीछे छोड़ गए हैं। वे उसे एक ऐसे यथार्थ की ओर ले जा सकते हैं, जो महज़ मरीचिका हो सकती है—एक ऐसी मरीचिका से हटा सकते हैं, जहाँ अगर वह जाने का साहस करता, तो शायद कोई उपलब्धि हो सकती थी।

विलियम बटलर यीट्स की पंक्तियाँ हैं :

*अब, मेरी कोई सीढ़ी शेष नहीं रही!*
*मैं अब वहाँ लेट जाऊँगा,*
*जहाँ से सब सीढ़ियाँ शुरू होती हैं,*
*अपने दिल की उस दुर्गंधमयी दुकान में,*
*जहाँ सिर्फ़ चिथड़े हैं, हड्डियाँ हैं।*

'नई कहानी' का जन्म इसी दुकान में होगा—सिर्फ़ चिथड़ों और हड्डियों के अलावा वहाँ कुछ भी नहीं होगा...कुछ भी नहीं मिलेगा!

जब कोई कहानी में 'यथार्थ' की चर्चा करता है, तो हमेशा दुविधा होती है—वह एक पक्षी की तरह झाड़ी में छिपा रहता है। उसे वहाँ से जीवित निकाल पाना उतना ही दुर्लभ है, जितना उसके बारे में निश्चित रूप से कुछ कह पाना, जब तक वह वहाँ छिपा है। अंग्रेज़ी में एक मुहावरा है : 'बीटिंग एबाउट द बुश'। कहानीकार सिर्फ़ यही कर सकता है—उससे अधिक कुछ करना असम्भव है। तुम अगर झाड़ी पर ज़्यादा दबाव डालोगे, तो वह मर जाएगा, या उड़ जाएगा। हम सिर्फ़ प्रतीक्षा कर सकते हैं, कभी-कभार झाड़ी को इधर-उधर कुरेद सकते हैं—किसी अजाने क्षण में, जब वह हमारे प्रति उदासीन हो। उससे सम्पृक्त हो सकते हैं—लेकिन हमेशा बाहर से। यह अभिशाप हर उस लेखक के लिए है, जो कलाकार भी है। जो सही मानी में यथार्थवादी है, उसके लिए यथार्थ हमेशा 'झाड़ी में छिपा' रहता है।

हेमिंग्वे इस बात को जितनी मार्मिकता से जान पाए थे—शायद हमारी सदी का कोई कथाकार नहीं। "क्योंकि वास्तव में कहानी लिखना बहुत कुछ बुल-फ़ाइटिंग की तरह है—उसके बहुत नज़दीक है। हर कथाकार अखाड़े में साँड़ के सामने रहता है और हर बार उसके भयावह सींग—उन्हें तुम चाहे ज़िन्दगी कह लो, या सत्य, या यथार्थ—उसे छीलते हुए, छूते हुए निकल जाते हैं।"

इस अखाड़े के बीच रहना—शोर मचाती हुई, ख़ून के लिए आतुर भीड़ से घिरे रहने के बावजूद—अपने में अकेले रह सकना...लिख पाना, एक अनिवार्य नियति है, जिससे भागा नहीं जा सकता। एक संघर्षशील व्यक्तित्व के लिए यह राजनीति है। मुझे समझ में नहीं आता, हम अगर अपने समय के महज़ दर्शक नहीं, बल्कि भोक्ता रहने का साहस रखते हैं तो राजनीति से कैसे पल्ला झाड़ सकते हैं? हमारी शताब्दी के लिए और उसकी संस्कृति के लिए राजनीति उतना ही जीवित सन्दर्भ है, जितना बायज़ंटीन संस्कृति के लिए धर्म, पुनरुत्थान-युगीन इटली के लिए क्लासिक, ग्रीक सभ्यता! आप बायज़ंटीन संस्कृति से धर्म निकाल दीजिए—बाक़ी कुछ भी नहीं रह जाएगा। जिन लेखकों के लिए फ़ासिज़्म या कम्यूनिज़्म कोई अर्थ नहीं रखता, उनके लिए साहित्य भी कोई अर्थ रखता है, मुझे गहरा सन्देह है!

राजनीति—एक व्यवसाय या आदर्श या प्रेरणा के रूप में नहीं, बल्कि एक जीवन्त, निर्मम स्थिति के रूप में—जिसमें कांसन्ट्रेशन कैम्प हैं, नीग्रो सेग्रीगेशन है, तिल-तिलकर मार देने वाली ख़ास हिन्दुस्तानी ग़रीबी है!

यह स्थिति है—समस्या नहीं। ज़रूरी नहीं कि लेखक इनके बारे में लिखे (लेखक की क्रिएटिव अर्ज का इनसे कोई सम्बन्ध नहीं), लेकिन वह इनके सन्दर्भ से अलग होकर नहीं लिख सकता। पिछले पाँच सौ वर्षों में यह सन्दर्भ तेज़ी से बदलता गया है—

हर परिवर्तन कहानी—साहित्य में और कविता में भी नये प्रतीकों के लिए एक अजानी भूमि को प्रस्तुत करता रहा है। फ़ॉस्ट का जो प्रतीक 'ग्ेटे' के लिए था, वही फ़ॉस्ट टॉमस मान के लिए एक नये सन्दर्भ में—जर्मन फ़ासिज़्म—बिलकुल एक नये प्रतीक के रूप में उपस्थित हुआ है। हम इन प्रतीकों से बच नहीं सकते। वे उस अन्धे की लकड़ी की तरह हैं, जिसे भूमि पर टेकता हुआ—वह अपना रास्ता खोजता है।

> अगर हम अपने युग के सही और सच्चे प्रतीकों को नहीं खोज पाते, तो हमें फ़ासिज़्म जैसे ग़लत और झूठे प्रतीकों को झेलना पड़ेगा। **—जॉन लेहमॉन**

और कलात्मक सौन्दर्य? हमारे समय के सबसे सुन्दर और कलात्मक लैम्प-शेड हैं, जिन्हें यहूदियों की खाल से बनाया गया है। उन्हें देखकर कौन एस्थीट आह्लादित नहीं होगा?

यह 'टोटल टेरर' की स्थिति है...ऐसी स्थिति में अगर 'नई कहानी' कुछ हो सकती है तो सिर्फ़—अँधेरे में एक चीख़! मदद माँगने के लिए नहीं बल्कि मदद की हर सम्भावना को, हर गिलगिले समझौते को झुठलाने के लिए। अपने को पूर्ण रूप से इस 'टेरर' से सम्पृक्त कर पाना—यहाँ से लेखक का कमिटमेंट आरम्भ होता है।

लेकिन—मैं दुहराकर कहता हूँ कि यह सिर्फ़ सन्दर्भ है—कहानी का विषय नहीं। विषय कुछ भी हो सकता है—ड्राइंगरूम के प्रेम से लेकर अपनी चहारदीवारी में फ़र्श पर रेंगती हुई धूप को देखने तक। जहाँ तक सृजनात्मक प्रेरणा का प्रश्न है, वह हर विषय के पीछे छोटी या बड़ी हो सकती है, वह विषय स्वयं में न छोटा होता है, न बड़ा। यह बात अलग है कि आज की कोई भी कृति—यदि वह महत्त्वपूर्ण है—अपने को इस 'टेरर' से, उसकी मँडराती हुई छाया से मुक्त नहीं रख सकती।

# प्राग का आधुनिक रंगमंच

जब सुप्रसिद्ध निर्देशक पीटर ब्रुक प्राग में 'किंग लियर' प्रस्तुत करने आए, तो जिस चीज़ ने उन्हें सबसे अधिक आश्चर्य में डाला था, वह न केवल अभिनय का उच्च स्तर था, बल्कि नाट्य कार्यक्रमों का अद्भुत वैविध्य भी—जो शायद कहीं अन्यत्र दुर्लभ है। आबादी के अनुपात में प्राग में जितने छोटे-बड़े थियेटर हैं, उतने यूरोप के किसी शहर में देख पाना असम्भव है।... यहाँ थियेटर जाना अपनी श्रेष्ठता दिखाना नहीं है, न ही एक ऐसी विलास और प्रदर्शन की चीज़ है, जिसमें केवल अभिजात वर्ग के लोग भाग लेते हैं। वह दैनिक रहन-सहन की संस्कृति का अनिवार्य अंग है—उसी तरह, जैसे दूसरे देशों में सिनेमा या फ़ुटबॉल मैच। श्रेष्ठता दिखाना अगर है तो केवल इस अंश में कि अपनी प्रेमिका से पहली बार मिलना प्राग का हर आदमी सिनेमा की अपेक्षा थियेटर में अधिक गौरवशाली समझता है ताकि उसे अपनी संस्कृति का परिचय दे सके (यह शायद क्षम्य है—प्रेमिका को प्रभावित करने के लिए आदमी

क्या कुछ नहीं करता!)। शाम के समय सड़कों पर चलते हुए एक अजीब-सा विचार मन में उठ आता है—इस घड़ी प्राग की सड़कों पर जितने लोग दिखाई देते हैं, उतने ही शायद इस समय प्राग के थियेटरों की चहारदीवारी के पीछे बैठे होंगे। वह एक दूसरी ज़िन्दगी है, वास्तविक ज़िन्दगी की दीवार के पीछे छिपी हुई, किन्तु उससे कहीं अधिक जीवन्त, कहीं अधिक निर्णयात्मक और शायद कहीं अधिक तर्कसंगत (संगतिहीन नाटकों के बावजूद!)।

यह तथ्य उल्लेखनीय है—महज़ नाटक घरों की संख्या की दृष्टि से नहीं, बल्कि नाटकों के विविध और सुरुचिपूर्ण चयन के कारण। पाँच वर्ष पूर्व, जब मैं पहली बार प्राग आया था, तब स्थिति काफ़ी नीरस और निराशाजनक थी। किसी भी आधुनिक प्रयोग को, चाहे वह रंगमंच पर हो या किसी अन्य कला विधा में, सन्देह की दृष्टि से देखा जाता था। निर्देशकों के प्रथम और अन्तिम आदर्श स्तानिस्लाव्स्की थे और वह भी नक़ल के रूप में। मॉस्को आर्ट थियेटर की मौलिक ताज़गी उसमें नहीं थी। अधिकतर ऐसे आधुनिक नाटक खेले जाते थे, जो आज एक तरह से क्लासिक हो चुके हैं—जिन्हें सैद्धान्तिक दृष्टि से 'सुरक्षित' और साफ़ कहा जा सकता था। ब्रेख़्त के नाटक अवश्य समय-समय पर प्रस्तुत किये जाते थे, किन्तु उनमें मुझे ख़ास ब्रेख़्तीय स्पर्श का अभाव खलता था, मानो चेक निर्देशक स्वयं ब्रेख़्त के क्रान्तिकारी प्रयोगों के प्रति ज़्यादा आश्वस्त न हों। यों भी शायद नाटक और रंगमंच के प्रति ब्रेख़्त के सिद्धान्त चेक थियेटर की परम्परागत प्रकृति से ज़्यादा मेल नहीं खाते, किन्तु यह एक बिलकुल अलग प्रश्न है।

किन्तु पिछले दो वर्षों में चेक रंगमंच में एक अभूतपूर्व परिवर्तन हुआ है केवल टेकनीक और रंगमंच की साज-सज्जा और निर्देशन के स्तर पर ही नहीं (हालाँकि इन क्षेत्रों में भी बहुत-से पूर्वग्रह ख़त्म हुए हैं), बल्कि एक गहरे और व्यापक स्तर पर, जहाँ बीसवीं शताब्दी के 'उदार'

और प्रयोगात्मक दृष्टिकोण और मान्यताओं को विशिष्ट चेक पृष्ठभूमि में रखकर जाँचने और परखने का प्रयास किया गया है। वातावरण बहुत अधिक खुल गया है और हर दिशा से आने वाला प्रभाव कुंठाहीन ढंग से अपनाया जाता है। पहले से कहीं अधिक दिलचस्प और उत्तेजनापूर्ण और जिसे हम ज़िन्दगी कहते हैं, उसके अधिक नज़दीक। ज़ाहिर है, रंगमंच में यह उत्साहजनक परिवर्तन अपने में अलग और अकेला नहीं है। पिछले वर्षों में कला के हर क्षेत्र में (कविता से लेकर 'बीटल-कट' बालों तक) बर्फ़ पिघली है। साम्यवाद के साथ जो कृत्रिम 'नैतिकता' और 'पवित्रता' को जोड़ने की आदत बन गई थी, वह एक बड़ी सीमा तक ख़त्म हो चुकी है—या ख़त्म हो रही है।

दो शब्दों में, प्राग में इन दिनों रहना उतना ही दिलचस्प कलात्मक अनुभव है, जितना यूरोप के किसी भी बड़े शहर में—या शायद कुछ अधिक—क्योंकि 'दीवार के दोनों ओर' जो पूर्वग्रह हैं, वे यहाँ उतने शक्तिशाली नहीं हैं और प्राग धीरे-धीरे दो संस्कृतियों का एक ऐसा केन्द्र बनता जा रहा है, जैसा वह कभी युद्ध से पहले था—पूर्व और पश्चिम के बीच एक संगम-स्थल।

सम्भव है, आपको यह दावा अतिशयोक्तिपूर्ण जान पड़े। किन्तु यदि आप आजकल प्राग में होने वाले नाटकों पर एक सरसरी दृष्टि भी डालें, तो शायद आपको यह बहुत ग़लत नहीं जान पड़ेगा। यहाँ उन नाटकों की लम्बी सूची देना अभीष्ट नहीं है, जो आजकल प्राग के विभिन्न थियेटरों में खेले जा रहे हैं। कुछ उन विदेशी नाटकों का ही उल्लेख कर रहा हूँ, जिनसे नाट्य-साहित्य के लगभग सब पाठक परिचित हैं : टेनेसी विलियम्स के चार नाटक, जो एक ही समय में विभिन्न नाटकघरों में दिखाए जा रहे हैं—'स्ट्रीटकार नेम्ड डिज़ायर', 'समर एंड स्मोक', 'रोज टैटू', 'फ़ालिग आर्फ़ियस'; आर्थर मिलर का 'डेथ ऑफ़ ए सेल्समैन'; डूरनमैट के 'फ़िज़िसिस्ट' और 'विज़िट ऑफ़ एन ओल्ड लेडी'; फिच का 'अरोरा';

ज्याँ पाल सार्त्र का 'अल्तोना'; मार्सयु का 'द एग'; आल्बी का 'हू इज़ अफ्रेड ऑफ़ वर्जीनिया वुल्फ़?'; आर्नोल्ड वेस्कर का 'किचन'; पोलिश नाटककार म्रोजिक का 'द मैजिक नाइट'; कार्सन मैकुलर्स का 'द बैंलेड ऑफ़ ए सैड कैफ़े'; बैकेट का 'वेटिंग फ़ार गोदो'; आयोनेस्को का 'द लैसन'; बर्नार्ड शॉ के नाटक 'पिगमेलियन' का सुप्रसिद्ध संगीत रूपक 'माई फ़ेयर लेडी'; फ़ॉकनर के उपन्यास 'रिक्वायम फ़ॉर द नन' का कामू द्वारा नाट्य-रूपान्तर, इत्यादि।

यह केवल कुछ विदेशी नाटकों की सूची है। इसमें क्लासिक नाटककारों—शेक्सपियर, मोलियर, पुश्किन, गोगोल, चेख़ॅव के नाटकों को शामिल नहीं किया गया है, जिन्हें प्राग के तीन राष्ट्रीय थियेटर अपने मंच पर बराबर प्रस्तुत करते रहते हैं। इनमें ऑपेरा, कठपुतलियों और अभिनटन के नाटकों को भी शामिल नहीं किया गया है, जिनके अपने अलग-अलग विशिष्ट नाटकघर हैं।

यह लम्बी सूची चाहे कोई बड़ा तथ्य उद्घाटित न करे, किन्तु वह चेक रंगमंच पर होने वाले उस परिवर्तन की ओर अवश्य संकेत करती है, जिसने आज बैकेट और सार्त्र को उतना ही 'गौरवपूर्ण' मान लिया है, जितना एक समय में गोर्की और ब्रेख़्त के नाटक माने जाते थे।

शायद इसी तथ्य को ध्यान में रखते हुए नाट्य-समीक्षक कैनेथ टायनन ने, जो कुछ दिन पहले प्राग आए थे, हँसी-हँसी में कहा था : "प्राग आने से पूर्व मेरे मन में यह पूर्व-धारणा थी कि आपके थियेटर पर सोवियत रंगमंच का प्रभाव ज़रूरत से ज़्यादा है—मुझे नहीं मालूम था कि उसका इतना ज़्यादा 'अमेरिकीकरण' हो चुका है।"

विदेशी नाटकों का प्रभाव चेक रंगमंच पर कितना रचनात्मक रहा है, फ़िलहाल शायद उसका लेखा-जोखा करना सम्भव नहीं है। सिर्फ़ इतना ही निश्चित रूप से कहा जा सकता है कि प्राग का रंगमंच और चेक नाट्य-परम्परा यूरोप की केन्द्रीय कलात्मक धारा से इतनी अविच्छिन्न

रूप से जुड़ी है कि उसे 'बाहरी' प्रभावों से शायद ही कभी कोई ठेस पहुँच सके। यहाँ नाट्यकार और निर्देशक 'परम्परा' के प्रश्न से आक्रान्त नहीं हैं—शायद इसलिए कि उन्हें कभी उससे अलग होने का मौक़ा ही नहीं मिला है। उन्नीसवीं शताब्दी में जब चेकोस्लोवाकिया आस्ट्रियाई साम्राज्य का अंग था, राष्ट्रीय रंगशाला का निर्माण राष्ट्रीय जागृति का प्रतीक माना जाता था और उसे बनाने में हर साधारण-से-साधारण कलाप्रेमी ने अपना योग दिया था। लोग परम्परा की चर्चा नहीं करते, क्योंकि वह जीवित है और उसे 'बचाने' के लिए वे ख़ास चिन्तित नज़र नहीं आते। पिछले वर्षों के अलगाव से जो एक अस्वस्थ और बनावटी आत्म-केन्द्रिकता उत्पन्न हो गई थी, वह अब नहीं रही है। द्वितीय युद्ध से पहले प्राग के रंगमंच ने एक आधुनिक अग्रगामी (अवाँगार्द) रंगमंच की भूमिका शुरू की थी। आज उसके बिखरे धागों को पुनः समेटने का प्रयत्न किया जा रहा है।

इस प्रयत्न में शायद सबसे अधिक महत्त्वपूर्ण योग उन युवक नाटककारों का रहा है, जिनके नाटक प्राग के चन्द छोटे, प्रयोगशील नाटकघरों में पहली बार बिना किसी रोक-टोक के प्रस्तुत किये गए हैं। यह सही है कि प्राग की राष्ट्रीय रंगशाला उतनी पुरातनपंथी और 'अकादमीय' नहीं है, किन्तु 'प्रयोग' की दृष्टि से उसका दायरा काफ़ी सीमित है। उसमें अधिकांश पुराने लोकप्रिय ऑपेरा या सिर्फ़ जाने-पहचाने प्रतिष्ठित लेखकों के नाटक ही प्रस्तुत किये जाते हैं—किसी नितान्त नूतन धारा के प्रयोगशील प्रस्तुतीकरण के वे ज़्यादा उत्सुक नहीं हैं। उनके लिए सबसे उचित स्थान वे छोटे नाटकघर हैं जिनके साधन सीमित हैं, किन्तु जिनका कलात्मक स्तर (अभिनय और निर्देशन की दृष्टि से) राष्ट्रीय रंगशाला के स्तर से किसी तरह कम नहीं है। पिछले वर्षों में नये नाटककारों ने उन्हें नया बल और प्रेरणा दी है। अतीत के प्रति कुंठित और दोषमना होने के बजाय इन नये नाटककारों ने उसे सहज रूप में स्वीकार किया है,

और क्योंकि वे उसके 'सैद्धान्तिक बोझ' से मुक्त हैं इसलिए वे उस 'बोझ' को महज़ 'स्तालिनवादी विरासत' मानकर उससे आसान समझौता नहीं करते। वे उसे समूची मानवीय स्थिति के सन्दर्भ में रखकर आँकना चाहते हैं। वे प्रचारवादी ढंग से यह नहीं कहते, 'सिर्फ़ यह चीज़ बुरी थी, बाक़ी सब कुछ ठीक है।' वे कहते हैं, 'अगर बाक़ी सब कुछ ठीक होता, तो कोई भी चीज़ दूषित न हो पाती।' नये चेक नाटककार क्षमाप्रार्थी नहीं हैं, न ही वे आक्रोशपूर्ण हैं (पोलिश और अंग्रेज़ नई पीढ़ी की तरह उनमें 'ग़ुस्सा' नहीं है), वे सिर्फ़ सतर्क हैं। एक ख़ास सामाजिक तनाव या बीमारी को (चाहे वह कितनी ही विश्वव्यापी क्यों न हो) वे एक विशेष 'प्रतीकात्मक' स्थिति में रखकर परखने की चेष्टा करते हैं, सामाजिक रिश्तों की समूची पेचीदगी और उलझनों को ध्यान में रखते हुए। अतः उनके नाटकों में 'ग़ुस्से' की अपेक्षा व्यंग्य की धार अधिक पैनी होती है—ऐसा व्यंग्य, जो अर्थहीन असंगतियों से उत्पन्न होता है। इस दृष्टि से वे बर्नार्ड शॉ के उतने ही निकट हैं, जितने काफ़्का के। आधुनिक चेक नाटक ने एक बिलकुल नये ढंग की सामाजिक 'फ़ैंटेसी' को जन्म दिया है—जिसमें इंग्लैंड के नये नाटककारों का सामाजिक 'अस्वीकार' और फ्रांसीसी रंगमंच की संगतिहीन भावधारा एक विरूप (ग्रोटेस्क) व्यंग्य के स्तर पर समन्वित हुई है। और इस स्तर पर वह अपने व्यक्तित्व में दोनों से ही बहुत पृथक् है।

इस सन्दर्भ में मैं यहाँ सिर्फ़ एक उदाहरण देना चाहूँगा—लेखक वात्सलाव हावेल का नाटक 'गार्डन पार्टी' जिसे कुछ वर्ष पहले प्राग के एक छोटे थियेटर (ना जाबरादली) में पहली बार प्रस्तुत किया गया था। तब से आज तक शायद ही कोई ऐसा मौक़ा आया हो जब उसे देखने के लिए समूचा हॉल दर्शकों की भीड़ से खचाखच न भरा हो। कैनेथ टायनन ने उसे देखकर कहा था : "मैंने आयोनेस्को और बैकेट के नाटक देखे हैं, किन्तु 'गार्डन पार्टी' पहला संगतिहीन नाटक है,

जिसमें नाटककार और दर्शकों के बीच इतनी गहरी प्रेषणीयता स्थापित हुई है...मेरे लिए वह एक अद्वितीय अनुभव रहा है।"

किन्तु यहाँ मैं उसकी चर्चा उसकी लोकप्रियता के कारण नहीं, उसके गहरे नाटकीय महत्त्व के कारण कर रहा हूँ—हालाँकि सबसे ऊँचे स्तर पर दोनों ही चीज़ें आत्यंतिक रूप से एक-दूसरे से सम्बन्धित हैं। ऊपरी तौर से देखें तो नाटक की स्थितियाँ, भाषा के ऊटपटाँग प्रयोग, किसी बने-बनाए कथानक का अभाव उसे एक तथाकथित संगतिहीन नाटक के बहुत नज़दीक ले आता है। अन्तर केवल इतना ही है कि हावेल के नाटक में पहली दृष्टि में जो चीज़ अर्थहीन और अवास्तविक जान पड़ती है, वह समकालीन चेक समाज की अत्यन्त वास्तविक और जीवन्त विसंगतियों से जुड़ी है। हर अर्थहीन विसंगति का एक जाना-पहचाना तर्क है जिसे चेक दर्शकों ने अपनी ज़िन्दगी में भुगता है। यही कारण है कि जब नाटक का हीरो ह्यूगो महज़ कुछ घिसे-पिटे शब्दों के सहारे उन्नति के शिखर पर जा पहुँचता है, तो किसी को आश्चर्य नहीं होता। शब्द किस ढंग से यथार्थ को कलुषित कर सकते हैं और वह यथार्थ अपनी ओर से हर शब्द को कितना अर्थहीन और खोखला बना सकता है, इसे लेकर एक सफल संगतिहीन कामदी का निर्माण किया गया है। न्याय, सौन्दर्य, मानवीयता—इन शब्दों को नौकरशाही ने अपने पहिये के नीचे इस तरह पीस डाला है कि अपनी आकारहीन, अर्थहीन अवस्था से वे हास्यास्पद उतने ही हैं जितने ख़तरनाक। उन्हें आज भी सरकारी सिक्कों की तरह भुनाया जा सकता है। उनसे सामाजिक सफलता ख़रीदी जा सकती है, हालाँकि सत्य की खनक उनमें अरसे पहले नष्ट हो चुकी है। शब्द और यथार्थ के बीच फैलता हुआ अन्तराल एक समाजवादी समाज के तर्कपूर्ण आदर्शों को भी किस हद तक खोखला और हास्यास्पद बना सकता है, समूचा नाटक ऑरवेल के दु:स्वप्न की तरह इस विकट सत्य को पूरी भयानकता के साथ उद्घाटित करता है।

यह दुःस्वप्न अवश्य ही एक संगतिहीन स्थिति की ओर संकेत करता है—किन्तु वह बैकेट के नाटकों की तरह दिशाहीन, कालहीन नहीं है, न ही वह आयोनेस्को की 'शिशुवत्' अबोधता और निरीहता से उत्पन्न हुआ है। 'विराट दुनिया' के सामने असमर्थ और निरर्थक हावेल ने अपने नाटक में उसे एक ठोस सामाजिक चौखटे में रखकर एक तर्कपूर्ण कसौटी पर नापने की कोशिश की है। शायद इसलिए उसकी 'अर्थहीनता' और अधिक सजीव और जीवन्त बन जाती है। उसका व्यंग्य एक अस्पष्ट और धुँधले दार्शनिक असन्तोष से ऊपर उठकर एक विशेष मानवीय स्थिति की विसंगति को उजागर करने में सफल होता है।

सामाजिक 'फ़ैंटेसी' के नाटक चेक रंगमंच के लिए नये नहीं हैं। वर्षों पहले उसके सूत्र कारेल चापेक के नाटकों में देखे जा सकते थे। यह आकस्मिक नहीं है कि आज प्राग के रंगमंच पर हावेल के नाटक के साथ-साथ चापेक के दो विश्व-विख्यात नाटक 'द इन्सेक्ट प्ले' और 'आर.यू.आर.' (जिसमें चापेक ने पहली बार 'रॉबट' शब्द का आविष्कार किया था) तीस-पैंतीस वर्ष बाद दुबारा प्रस्तुत किये जा रहे हैं। कहना न होगा, कुछ वर्ष पहले तक चापेक के नाटक अधिकारी बुद्धिजीवी क्षेत्रों में अधिक प्रिय नहीं थे। यह एक व्यंग्यात्मक स्थिति थी कि चापेक ने जिस प्राणहीन मशीनी सभ्यता पर अपने नाटकों में कटाक्ष किया था, वह न केवल पूँजीवादी सभ्यता पर लागू होता था, बल्कि समाजवादी व्यवस्था के अनेक पहलुओं पर भी। शायद यही कारण है कि तीस-चालीस वर्ष बाद भी आज चापेक के नाटक उतने ही ताज़ा, उनका व्यंग्य उतना ही तीक्ष्ण और मर्म-भेदक, उनकी समस्याएँ समय की धूल से उतनी ही अछूती जान पड़ती हैं, जितनी वर्षों पहले, जब उन्हें पहली बार खेला गया था। चापेक की भयानक चेतावनी का महत्त्व और भी अधिक बढ़ जाता है जब हम देखते हैं कि उन्होंने इन प्रतीकात्मक,

फ़ैंटेसीयुक्त नाटकों की रचना द्वितीय महायुद्ध से पहले की थी, जब वह स्वयं व्यावहारिक रूप से अणुयुग की सम्भावनाओं से अपरिचित थे।

आधुनिक चेक नाटकों के साथ-साथ प्राग के रंगमंच में शिल्प और निर्देशन के स्तर पर जो नये प्रयोग पिछले वर्षों में हुए हैं, उनका विस्तृत ब्योरा इस संक्षिप्त टिप्पणी में देना असम्भव है। फिर भी मैं यहाँ दो कलाकारों का उल्लेख करने का लोभ संवरण नहीं कर पा रहा हूँ, जिनकी चमत्कारपूर्ण उपलब्धियों से आज लगभग यूरोप के समस्त नाट्य क्षेत्र परिचित हैं। जोसेफ़ स्वोबोदा ने पिछले वर्षों में नाटकों के दृश्यांकन (मंच-सज्जा, दृश्यबंध, संरचना, इत्यादि) में चेक रंगमंच पर क्रान्तिकारी प्रयोग किये हैं, परम्परागत लीक से बिलकुल हटकर। किस सीमा तक उन्होंने अपने रंगमंचीय प्रयोगों में आधुनिक अमूर्त चित्र शैली से प्रेरणा ली है, कहना कठिन है, किन्तु उसका प्रभाव स्पष्ट रूप से उनकी मंचीय संरचनाओं पर लक्षित होता है। हर नाटक की 'पृष्ठभूमि' महज़ चित्रात्मक स्तर पर 'पृष्ठभूमि' न होकर कितने संकेतात्मक ढंग से हर दृश्य को, नाटक के छोटे-से-छोटे क्रियाकलाप को एक जीवन्त सन्दर्भ प्रदान कर सकती है, नाटक की आत्मा से उत्पन्न होकर भी अपने सौन्दर्य में सर्वथा सम्पूर्ण और स्वतंत्र—यह जोसेफ़ स्वोबोदा की विशेष कलात्मक उपलब्धि है। उसका थोड़ा-बहुत अनुमान उनके दृश्यांकन के चित्रों को देखकर लगाया जा सकता है। प्राग के लगभग तमाम प्रमुख प्राचीन और आधुनिक नाटकों का दृश्यांकन—'हैमलेट' से लेकर 'डैथ ऑफ़ ए सेल्समैन' तक—स्वोबोदा ने किया है और मुझे नहीं लगता कि उन्हें अपने किसी भी नाटक में अपने प्रयोग को कभी दुबारा दुहराने की ज़रूरत महसूस हुई हो।

प्राग के रंगमंच की दूसरी महत्त्वपूर्ण प्रतिभा औटोमार क्रेयचा के निर्देशन में उद्घाटित हुई है। क्रेयचा की गणना आज यूरोप के मूर्धन्य निर्देशकों में की जाती है। आश्चर्य है, उन्हें अपनी सफलता आधुनिक

नाटकों के निर्देशन में उतनी नहीं, जितनी पुराने नाटकों को रंगमंच पर 'नया अर्थ' देने में प्राप्त हुई है। क्रेयचा ने उन्हें बीसवीं शताब्दी की दृष्टि से तोला-परखा है, उसकी समूची अनिश्चितता, अन्त:पीड़ा और ऊहापोह को पुराने नाटकों की सम्भावनाओं में टटोलने का प्रयास किया है। इंग्लैंड के निर्देशक पीटर ब्रुक जब प्राग आए थे, तो क्रेयचा द्वारा निर्देशित 'रोम्यो और जूलियट' देखकर उन्हें सुखद आश्चर्य हुआ था। शेक्सपियर की इतने मुक्त और अकुंठित दृष्टिकोण से व्याख्या (इंटरप्रिटेशन) करना असीम साहस और गहरी कलात्मक संवेदना का सूचक है। मुझे लगता है, यह विकट कार्य केवल इंग्लैंड के बाहर क्रेयचा जैसे निर्देशक कर सकते हैं, जो शेक्सपियर की 'परम्परा' से अत्यधिक आक्रान्त और आतंकित नहीं है। अभी कुछ महीने पहले क्रेयचा ने ब्रुसेल्ज़ में 'हैमलेट' का निर्देशन किया था, एक नितान्त अपरिचित और नूतन कोण से। नाट्य-समीक्षकों में उसे लेकर एक विवाद उठ खड़ा हुआ है, किन्तु उसके बारे में अभी कुछ भी कहना असम्भव है। प्राग में अभी तक क्रेपचा के 'हैमलेट' का उद्घाटन नहीं हुआ। हाल में इंग्लैंड के नेशनल थियेटर और रॉयल शेक्सपियर थियेटर ने क्रेयचा को कुछ नाटकों का निर्देशन करने के लिए आमंत्रित किया था। पूर्वी यूरोप में वह पहले नाट्य-निर्देशक हैं, जिन्हें शेक्सपियर की मातृभूमि में शेक्सपियर का निर्देशन करने का यह महान गौरव प्राप्त हुआ है।

# प्राग : एक स्वप्न

जब आधी रात को पत्रकारों की क्लब उजाड़ हो जाती है—और आख़िरी एडीशन की ख़बरें भेजी जा चुकी होती हैं, तब भी गलियारे के कोने में एक महिला—काफ़ी बूढ़ी चेक महिला—शराब के गिलास के आगे ख़ामोश बैठी रहती है उन्होंने बहुत कुछ देखा-भोगा है। पति स्पेन के गृह-युद्ध में मारे गए थे—तब से एक शरणार्थी पत्रकार की हैसियत से प्राग में रहती हैं। कोई भी उनकी ओर विशेष ध्यान नहीं देता। यों भी इन दिनों ख़बरों, ख़तरों और अफ़वाहों के इस शहर में एक जगह ध्यान टिकना मुश्किल है—एक बूढ़ी पियक्कड़ महिला पर तो टिकना और भी मुश्किल।

वे लकड़ी टेकती हुई घर लौटती हैं। मैं भी लौटता हूँ। पुराने टाउन स्क्वायर तक हमारा रास्ता एक ही रहता है। शहर के सन्नाटे में उनकी लाठी की टक-टक जैसे उनींदी, तपी सड़क की ही धड़कन हो...।

चलते हुए लगता है, मानो यूरोप का अँधेरा धीरे-धीरे सिमटता हुआ यहीं, इस स्क्वायर के बीच जमा होता गया है—बीच में—जहाँ यूरोप का हृदय है, एक अवसन्न, स्तब्ध नगर, प्राग।

शहर की अपनी छत है, जुलाई रात का चमकीला हरा गुम्बद और उस पर उठी हुई गिरजों की मीनारें। जब हवा चलती है, शाम के अख़बार उड़ने लगते हैं। ऐसा ही एक अख़बार लैम्प-पोस्ट के नीचे उलटे घायल कबूतर की तरह फड़फड़ाता है, फिर असहाय-सा होकर खम्बे के इर्द-गिर्द लिपट जाता है। बासी सुर्ख़ियाँ—जो कभी ताज़ी रही होंगी—अब मरी हुई अफ़वाह की तरह मुझे घूरती हैं—मैं वही दुबारा पढ़ता हूँ जो कुछ घंटे पहले इतनी उत्सुकता से निगल गया था...चियर्ना की मीटिंग के बारे में जो अब भी जारी है, लेकिन जिसकी कोई ख़बर नहीं। जो अब भी जारी है और जिस पर लाखों लोगों की आँखें लगी हैं।

सिर्फ़ एक कोने में छपा समाचार अब भी याद रह गया है। पिछली रात को चियर्ना के प्लेटफ़ार्म पर स्टेशन मास्टर को अचानक एक व्यक्ति दिखाई दिया था। रात के तीन बजे का समय रहा होगा। चियर्ना—एक छोटा-सा नगर, नगर भी नहीं, चेकोस्लोवाकिया और रूस की सीमा पर एक उजाड़ क़स्बाती नगर...उजड़े नगर का वीरान प्लेटफ़ार्म। बूढ़ा स्टेशन मास्टर कुछ देर तक संशय में खड़ा रहा—अँधेरे में आदमी को पहचानना मुश्किल था। किन्तु यह देखा जा सकता था कि उसकी आँखें एकटक वहाँ जमी थीं, जहाँ सोवियत सीमाएँ शुरू होती थीं। वह कई मिनटों तक चुपचाप उस एक दिशा में देखता रहा—जब उसने मुँह मोड़ा, तो स्टेशन मास्टर की आँखें आश्चर्य में फैल गईं। आधी रात की इस घड़ी में सूने प्लेटफ़ार्म पर कोई और नहीं, ख़ुद दुब्चेक खड़े थे। दुब्चेक—एक नाम, एक लौ, जिसके सहारे आज हर चेक और स्लोवाक अँधेरे में रास्ता टटोल रहा है...।

क्या उस रात चियर्ना के प्लेटफ़ार्म पर उस व्यक्ति ने कभी सोचा होगा कि सिर्फ़ कुछ दिनों बाद मुँह-अँधेरे में—अपनी समस्त प्रतिज्ञाओं को रौंदते हुए—सीमा-पार का देश अपने टैंकों से उनके देश को घेर लेगा?

क्या कभी किसी ने सोचा था?

वे लकड़ी टेकती हुई चलती हैं। उस रात वे बेंच पर बैठ गईं। जुलाई के नर्म अँधेरे में तिन चर्च की छाया के आगे, मुझे भी उन्होंने बैठ जाने के लिए कहा। वे मुझे पत्रकार ही समझती हैं...इन दिनों यह गर्व की चीज़ है। मुझमें और अनेक देशों के पत्रकारों में, जो इन दिनों प्राग में जमा हैं, अगर कोई अन्तर है तो सिर्फ़ इतना ही कि मैं अभी तक प्राग की नियति को किसी 'एक स्टोरी' में नहीं घटा पाया हूँ। उन्होंने कुछ कहा, फिर वे चुप हो गईं, जैसे मुझे टटोल रही हों। कुछ देर तक वे चुप बैठी रहीं। फिर लकड़ी को बेंच के सहारे टिकाकर पूछा, "क्या वे आएँगे?"

वह हमारी क्लब की बातचीत का छोर था, इसलिए मैं समझ गया कि 'वे' कौन हैं। वह पुरानी कम्यूनिस्ट हैं। उनके पति कम्यूनिस्ट होने के गर्व को दिल में छिपाए स्पेन में मरे थे। अगर आज सोवियत सेना का नाम न लेकर वह उसे 'वे' के नाम से पुकारें तो आश्चर्य नहीं। उस देश का शायद कुछ भी नहीं बिगड़ेगा, किन्तु उस देश का नाम आक्रमणकारी के रूप में लेना आज भी उतना ही 'कुरुचिपूर्ण' लगता है, जितना गिरजे के भीतर दीवार पर कोई अश्लील शब्द लिखना...।

लेकिन मेरी स्मृतियाँ अलग हैं—मैं क्रूर होकर पूछता हूँ, "आपका मतलब सोवियत-सेनाओं से है?" यह पत्रकार की निर्ममता है।

वे फटी-फटी आँखों से मेरी ओर देखती हैं—"नहीं, ऐसा हो नहीं सकता," वे जैसे अपने से बोलती हैं, 'यह असम्भव है'...।

"किन्तु हंगरी में भी वे अपने टैंक भेजने में नहीं हिचके थे...," मैं उन्हें कुरेदता हूँ। "हंगरी की बात अलग थी," उन्होंने कहा, "यहाँ बिलकुल शान्ति है—और दुब्चेक एक सही कम्यूनिस्ट हैं।"

उनके शब्दों में इतना गहरा विश्वास है कि वह मेरे संशय को भी धो डालता है। इस बार जब वे मेरी ओर देखती हैं, तो मुझे उनकी आँखों में एक विजय-मुस्कान-सी दिखाई देती है, "वे फ़ासिस्ट नहीं हैं...एक छोटे देश पर वे हिटलर की तरह हमला नहीं बोल सकते!"

यह उनका आख़िरी तर्क था...एक दिन सहसा यह तर्क ताश के पत्ते की तरह ढह जाएगा, इसका अनुमान उस रात न वे कर सकती थीं, न इस देश के लोग। सोचता हूँ, कितनी बार इतिहास अपने को दुहराता है। स्पेन, म्यूनिख और 21 अगस्त की रात; हर बार हमारे तर्कों को धोखा देता हुआ वह हमें कुछ भी नहीं सिखाता। फिर से नये बैरिकेड खड़े होते हैं—नये तरह के स्वप्न—ऐसे, जिनके बीच से प्राग पिछले आठ महीनों से गुज़रा है। सड़क पर चलते हुए मुझे शुरू जनवरी के दिन याद हो आते हैं, जब बीस वर्षों के भ्रमों, विडम्बनाओं और हत्याओं के बाद चेकोस्लोवाकिया ने एक निपट नई राह अपनाई थी—एक ऐसी राह, जिस पर चलकर लेखक संघ के अध्यक्ष गोल्डश्टुकर के शब्दों में 'समाजवाद और डेमोक्रेसी दुबारा से एक साथ जुड़ सकेंगे।' कौन जानता था कि सहसा एक दिन इसी राह पर उस देश के टैंक आ खड़े होंगे, जो अपने को आज तक क्रान्ति का अग्रदूत कहता आया है?

21 अगस्त की सुबह : प्राग...'यह अन्त है...' रेडियो एनाउंसर की पतली, कातर आवाज़ काँपती है, टैंकों की घड़घड़ाहट के बीच महज़ कुछ सिसकियाँ सुनाई देती हैं—और फिर एक गहरे, अन्तहीन शून्य की दीवार हवा के आर-पार खड़ी हो जाती है।

'यह अन्त है...' प्राग रेडियो की यह आख़िरी घोषणा सोवियत संगीनों से छितरकर आज भी हवा में मँडराती है—एक शान्त तितली की तरह टैंकों के पहियों में रपटते हुए समूचे शहर में चक्कर लगाती हुई।

'यह अन्त है...' स्वतंत्र प्राग के अन्तिम शब्द अँधेरी सड़क पर चलते हुए मेरे कानों में गूँजते हैं। किसका अन्त? मार्क्सवाद का अन्त,

या उस 'विचारधारा' का अन्त, जिसके प्रतीक ये टैंक हैं? प्राग की सड़कों पर लौटते हुए, सहसा उस भयानक घड़ी का स्मरण दिलाते हुए, जब तीस वर्ष पहले हिटलर की सेना इसी तरह अचानक, बिना चेतावनी दिये, इस छोटे किन्तु अत्यन्त सुसांस्कृतिक देश को रौंदने आई थी। अजीब विडम्बना है कि चेकोस्लोवाकिया की विकसित प्रजातांत्रिक परम्परा जिस तरह एक ज़माने में हिटलर को काँटे की तरह चुभती थी, आज वही परम्परा सोवियत नेताओं के लिए असह्य बन गई है...।

किसका अन्त? उस एक रोशनी का, जो कुछ महीने पहले इस देश में कम्यूनिज़्म को मानवीय रूप देने के लिए चमकी थी—एक कमज़ोर और धीमी लौ—किन्तु इतनी प्रखर ज़रूर कि दुनिया की निगाहें अपनी तरफ़ खींच ले, इतनी साफ़ और चमकीली ज़रूर, जो मार्क्सवाद को दुबारा से अपनी खोई हुई जड़ों को पहचानने में मदद कर सके।

इस कमज़ोर, मद्धिम रोशनी का स्वागत सार्त्र से लेकर अर्नस्ट फ़िशर तक, इतालवी कम्यूनिस्ट पार्टी से लेकर फ्रांस और पश्चिमी जर्मनी के वामपंथी नेताओं तक ने किया था। पिछले वर्षों में समाजवादी देशों में मार्क्सवादी दर्शन को जिस भयानक ढंग से विकृत और खोखला कर दिया था—प्राग का यह नया आन्दोलन उसमें नवजीवन फूँकने का एक सर्वथा अनूठा प्रयोग था।

यह रोशनी उस विराट समाजवादी देश को आतंकित कर देगी, जिसे दुनिया की उत्पीड़ित जनता अब तक मानवीयता का प्रकाश-स्तम्भ मानती आई थी, इससे बढ़कर इतिहास का क्रूर व्यंग्य और क्या हो सकता है? यह व्यंग्य एक दुःस्वप्न की तरह भयानक हो सकता है, इसका अनुभव प्राग की सड़कों पर रोती हुई औरतों को देखकर लगाया जा सकता है, किन्तु सबसे भयंकर स्थिति उन सोवियत सैनिकों की है, जो टैंकों पर बैठे हुए बदहवास निगाहों से चेक जनता के विरोध-प्रदर्शन को देख रहे हैं...हर जगह 'रूसी, गो होम' के नारे दिखाई देते हैं,

जबकि उनके नेताओं ने उनसे यह कहा था कि वे इस देश को 'साम्राज्यवादी शक्तियों' से मुक्ति दिलाने जा रहे हैं। कहाँ हैं वे साम्राज्यवादी शक्तियाँ—कहाँ हैं वे क्रान्ति-विरोधी लोग—जो चेकोस्लोवाकिया में पनप रही हैं?

वर्षों पहले इन्हीं प्रागवासियों ने आँसुओं और फूलों से सोवियत सेना का स्वागत किया था—फ़ासिज़्म से चेकोस्लोवाकिया को मुक्त करवाने में जिन रूसी सैनिकों ने अपने प्राण दिये थे, उनकी क़ब्रें इन टैंकों की मूक गवाह हैं, जो आज प्राग को 'मुक्त' करवाने आए हैं...।

सोचता हूँ, राजनीति कितने चुपके से 'एब्सर्ड' नाटक से भी अधिक तर्कहीन हो सकती है—प्राग में घूमते हुए सोवियत सिपाही हर तर्क, हर समझदारी, हर मानवीय बोध से परे हैं। उन्हें यहाँ किसी ने नहीं बुलाया—जबकि सोवियत प्रेस में बराबर यह कहा जा रहा है कि 'वे चेकोस्लोवाकिया में समाजवाद की रक्षा करने आए हैं।'

जिस 'समाजवाद' की रक्षा टैंकों और संगीनों के बल पर की जाए, उसे 'समाजवाद' कहना भाषा का बलात्कार करना है; ऐसा ही बलात्कार मुद्दत पहले गोयबल्स ने किया था। उसकी सेनाएँ भी हर देश को 'यहूदियों और कम्यूनिस्टों' से मुक्त करवाने आई थीं, ताकि 'यूरोपीय संस्कृति' की रक्षा की जा सके। आज प्राग में सोवियत सेनाओं को देखकर लगता है कि हिटलर का जितना सम्बन्ध यूरोपीय संस्कृति से था, उतना ही सम्बन्ध इन सेनाओं का समाजवाद से है! अचरज तो सिर्फ़ इस चीज़ पर होता है कि सोवियत सेनाओं को अपनी भाषा और बहानों पर भी पूरा विश्वास नहीं, उन्हें अपने आक्रमण को सही सिद्ध करने के लिए गोयबल्स की ही भाषा और तर्कों का सहारा लेना पड़ेगा। यह चीज़ हास्यास्पद उतनी नहीं, जितनी दयनीय लगती है।

हिटलर के 'तर्क' एक दिन सोवियत संघ के कवच बनेंगे, आज प्राग इसका साक्षी है।

यह कैसी विडम्बना है कि जिस समाजवाद की रक्षा करने वे आए हैं—आज उसके सर्वश्रेष्ठ प्रतिनिधि—चेकोस्लोवाकिया के उत्कृष्ट कम्यूनिस्ट कवि, लेखक और पत्रकार—मोर्चा बाँधकर उनके ख़िलाफ़ खड़े हैं? देश के सबसे लोकप्रिय कम्यूनिस्ट नेताओं को मुँह-अँधेरे में चोरों की तरह अज्ञात स्थानों में बन्द किया जाता है? अगर सोवियत सेनाओं को किसी पर विश्वास है, तो इस देश के कम्यूनिस्टों पर नहीं, बल्कि पुलिस के अधिकारियों, और उन बदनाम लोगों पर, जो पिछले दिनों जनता के बीच आने का साहस भी नहीं कर पाते थे। यह कैसा समय है कि जिस तरह एशिया में अमेरिका केवल च्यांगकाई शेक और उसी तरह के राष्ट्रीय नेताओं पर आश्रित है, उसी प्रकार पूर्वी यूरोप में सोवियत संघ आज केवल उन व्यक्तियों और शक्तियों में ही विश्वास कर सकता है, जो ख़ुद अपने देश की जनता का विश्वास खो चुके हैं।

प्राग की एक दीवार पर मोटे अक्षरों में लिखा है : 'दे विल नॉट पास'!

मुद्दत पहले का ज़माना याद आता है जब फ्रैंको की बर्बर फ़ासिस्ट सेनाओं के ख़िलाफ़ यह नारा मेड्रिड की सड़कों पर गूँजता था। लगता है, जिन चेक छात्रों ने सोवियत टैंकों के पीछे हिटलर का स्वस्तिक निशान बनाया है, एक गहरे स्तर पर उन्होंने चेकोस्लोवाकिया की ट्रैजिक नियति को ख़ून और नीले आसमान में ढके उस प्रतीक के साथ जोड़ दिया है, जिसका नाम स्पेन था। नारा वही है, सिर्फ़ मेड्रिड का स्थान प्राग ने ले लिया है...और टैंकों के मालिक बदल गए हैं।

मुझे एक रात और याद आती है। उन दिनों वियना में सोवियत और चेक नेताओं के बीच बातचीत चल रही थी। हवा में हर क्षण नई

अफ़वाहें मँडराती रहती थीं। समूचा प्राग साँस रोके बातचीत का परिणाम सुनने को आतुर था।

ट्राम की खिड़की से सहसा मेरी निगाह एक गली के नुक्कड़ पर ठिठक गई। आधी रात का समय और एक छोटी-सी मेज़ के आगे लोगों की अन्तहीन क़तार। ट्राम से उतर मैं भीड़ के पास चला आया। मेज़ पर वह अपील रखी थी, जो उसी दिन लेखक संघ के पत्र में छपी थी। अपील में दुब्चेक और चेक नेताओं से आग्रह किया गया था कि आख़िरी लम्हे तक वे अपने मानवीय सिद्धान्तों से न डिगें :

> शताब्दियों बाद हमारे देश को आशा की किरण दिखाई दी है, किन्तु यह हमारी ही आशा नहीं है, समय आया है, जब हम यह प्रमाण दे सकते हैं कि जिस लोकतांत्रिक समाजवाद का रास्ता हमने चुना है, उसके अलावा कोई दूसरा रास्ता नहीं है—उस पर चलकर हम अपनी सभ्यता को सही अर्थों में मुक्त कर सकेंगे—हम आपसे अपील करते हैं कि आप हमारी इस आकांक्षा को रूसी नेताओं के सामने रखिए, उन्हें हमारा दृष्टिकोण बहुत सफ़ाई और बहुत धैर्य से समझाइए, किन्तु अपने सिद्धान्तों से पीछे न हटिए। हम बेताबी से आपकी ख़बर पाने की प्रतीक्षा कर रहे हैं। हम आपके बारे में सोच रहे हैं। आप हमारे बारे से सोचना न भूलिए। हम सबकी ओर से आप चेकोस्लोवाकिया के इतिहास में वह पृष्ठ लिखिए, जो इस संकटपूर्ण घड़ी में नियतिपूर्ण होगा—सन्तुलित भाव से लिखिए, लेकिन लिखिए साहस के साथ। बहुत मुश्किल से हमारे पास यह अवसर आया है। इस अवसर को हाथ से खो देने का मतलब होगा—हमारा दुर्भाग्य और आपकी शर्म। हमें आप पर भरोसा है।

यह समूची अपील नहीं, उसकी कुछ सतरें हैं। उस रात प्राग के हर नुक्कड़ पर हज़ारों लोग असीम धैर्य से क़तार में खड़े अपने हस्ताक्षर देने की प्रतीक्षा कर रहे थे। प्रैम में सोए बच्चों के पीछे खड़ी जवान माताएँ और बच्चों की बूढ़ी दादियाँ, जिनके हाथ क़लम पकड़ते ही काँपने लगते थे; मिनी स्कर्ट पहने लड़कियाँ, जिनकी आँखें नींद से बोझिल थीं, नाइट क्लबों से आते हुए युवक और उनके टूरिस्ट मित्र...।

सब जानते थे, यह संकट की घड़ी है। सब जानते थे कि उन्हें इस संकट से उबारने कोई नहीं आएगा, पश्चिमी देश इसलिए नहीं क्योंकि वे समाजवादी देश के नागरिक हैं। कम्यूनिस्ट देश इसलिए नहीं क्योंकि वे (चेक जनता) प्रजातंत्र में विश्वास रखते हैं, जो उनकी (कम्यूनिस्ट देशों की) स्तालिनवादी सत्ता के लिए सबसे बड़ा ख़तरा है। इन दो पाटों के बीच इस छोटे देश के लोग केवल अपने पर ही निर्भर रह सकते हैं।

उस रात लाइन में खड़े इन प्रागवासियों को देखकर मुझे पहली बार किताबों के फ़ॉर्मूलों में नहीं, बल्कि ठोस जीवन-व्यवहार से पता चला कि प्रौढ़ जाति की प्रौढ़ संस्कृति क्या चीज़ होती है। शत्रु और संकट के सामने उनका धैर्य और सन्तुलन अद्वितीय था। कोई ग़ुस्सा नहीं कि उनकी सीमाओं के भीतर उनकी इच्छा की उपेक्षा करती हुई सोवियत सेनाएँ घूम रही हैं। कोई आक्रोश नहीं कि दिन-दहाड़े मास्को, वारसा, पूर्वी बर्लिन के अख़बारों में उन पर गालियों की बौछार होती है—गालियाँ, जिनसे हम वाक़िफ़ हैं, क्योंकि एक ज़माने में वे इसी रौ के साथ टीटो और युगोस्लाविया पर इस्तेमाल की जाती थीं। कोई आक्रोश नहीं कि जो देश आज तक अपने को मानवीयता का अगुआ कहता आया है, वह इस छोटे देश को मिटाने के लिए उतावला हो जाएगा, जहाँ दुब्चेक के शब्दों में :

> हम और कुछ नहीं, समाजवाद को उसका मानवीय चेहरा, जो अरसे से उससे अलग हो गया था, दुबारा लौटाना चाहते हैं।

मैं भीड़ की उस लम्बी क़तार को छोड़कर बीच सड़क पर आ जाता हूँ। प्राग की शान्त गलियों में चलता हुआ सोचता हूँ, मैंने अपनी ज़िन्दगी के सर्वश्रेष्ठ और शायद सबसे निर्णयात्मक वर्ष इस देश में गुज़ारे हैं। क्या अपने दस्तख़त देने से ही मैं कभी उसके प्रति अपना आभार—और अन्तहीन कृतज्ञता—चुका सकूँगा?

पिछले महीनों में दुब्चेक के नेतृत्व में चेक जनता पहली बार अपनी उदासीनता और उदासी से मुक्त हुई थी। जो लोग पिछले बीस वर्षों के आतंक से मार्क्सवाद में अपनी उम्मीद खो चुके थे, उन्हें पहली बार एक नई किरण दिखाई दी थी। पिछले सात वर्षों में मैंने उतनी बहसों, वैचारिक आदान-प्रदान और सभाओं में भाग नहीं लिया, जितना पिछले सात महीनों में। चेक मार्क्सवादी दार्शनिकों के लेख पश्चिमी देशों के समाचार-पत्रों में अनुवादित किये जाते थे। वैचारिक स्तर पर इतने कम समय में मार्क्सवाद एक 'रेनासाँ' का वातावरण उत्पन्न कर सकेगा, इसकी कल्पना करना भी दूभर लगता था। लगता था, स्तालिनवाद के मृत और निष्प्राण घेरे से मुक्ति पाकर समूचा देश लम्बी घुटन के बाद पहली बार खुली हवा में साँस ले रहा है।

किन्तु खुली हवा की यह विशेषता है कि वह बन्द सीख़चों और तालों के बीच भी रास्ता बना लेती है और सोवियत संघ के वर्तमान नेताओं के लिए यह ख़तरे की निशानी थी। जो ख़तरा एक समय ज़ार को था, वही एक दिन अपने को 'मार्क्सवादी' कहने वाले क्रान्तिकारियों के लिए उत्पन्न हो जाएगा, यह देखकर अचम्भा होता है और सोवियत नेता सबसे अधिक भयाक्रान्त थे—चेक आन्दोलन से उतना नहीं, जितना अपनी जनता से, जो स्वयं ताज़ी हवा के लिए लालायित दिखाई देती है। आकस्मिक नहीं कि सोवियत नेताओं के लिए चेकोस्लोवाकिया में होने वाला 'कम्यूनिज़्म में प्रजातंत्र' एक ऐसी छूत की 'बीमारी' थी, जो रफ़्त:-रफ़्त: पोलैंड, हंगरी और स्वयं उनके देश को 'दूषित' कर सकती है।

इससे पहले कि वह चेक सीमाओं के बाहर फैले, उसका उन्मूलन करना ही उन्हें उचित जान पड़ा, चाहे ऐसा करने में उन्हें पश्चिम यूरोप की समस्त वामपक्षी और कम्यूनिस्ट पार्टियों का तीव्र विरोध ही क्यों न सहना पड़े।

आज सोवियत संघ एक बन्द समाज है, जो कहीं भी समाजवाद में होने वाले नये परिवर्तनों को भय और शंका से देखता है। वह देश, जो किसी समय दुनिया की प्रतिगामी शक्तियों के लिए ख़तरे की निशानी था, आज स्वयं प्रतिगामी शक्तियों का सबसे ख़तरनाक दुर्ग बन गया है। जो कुछ महीने पहले पेरिस के छात्र-प्रदर्शनों पर कीचड़ उछाल सकता है, वह अगर आज प्राग के स्वप्न को कुचलने के लिए अपने टैंक भेजता है, तो अफ़सोस ज़रूर हो, आश्चर्य नहीं होना चाहिए।

अपने चेक मित्रों के साथ मैंने भी कुछ महीनों के लिए वह स्वप्न जिया था—जो आज सोवियत टैंकों के नीचे लिथड़ा पड़ा है। मुझे अपने मोह-भंग पर इतना दुःख नहीं होता—सिर्फ़ रह-रहकर अपनी बेबसी का एहसास ज़रूर कोंचता है। इस चीज़ का दुःख भी होता है कि मेरे लिए भविष्य में सोवियत संघ कभी वह नहीं रह सकेगा, जो कभी था। हमेशा उस पर चेकोस्लोवाकिया की छाया मँडराती रहेगी। बचपन के स्वप्न की तरह वह हमेशा के लिए खो गया है।

मैं यह बात उन बूढ़ी महिला से भी कहना चाहता हूँ, जो स्पेन में फ्रैंको के ख़िलाफ़ लड़ी थीं। उन्होंने शायद यह कल्पना भी न की होगी कि हमारी बातचीत के सिर्फ़ बीस दिन बाद पुराने स्क्वायर की उस बेंच पर 'मुक्ति फ़ौज' के सिपाही अपनी बन्दूक़ों से लैस होकर बैठे होंगे। किन्तु यह बात मैं कहूँगा नहीं—आदमी की ज़िन्दगी बहुत छोटी है और वह चाहे कितना ही मज़बूत क्यों न हो, अपनी एक ज़िन्दगी में दो स्पेन नहीं जी सकता।

# अँधेरे के ख़िलाफ़

जब मैं दुबारा रेल में बैठा, मुझे यह ख़याल कुछ अधिक विचित्र नहीं लगा कि इन दस दिनों में मैंने न साहित्य की चर्चा की, न साहित्यकारों की। जितने प्रश्न लेकर मैं लन्दन से आया था, वे वैसे ही अनपूछे पड़े थे। प्राग में उनका अर्थ, उनकी प्रासंगिकता, यहाँ तक कि उनकी 'साहित्यिकता'—एकदम सहसा सब झूठे पड़ गए थे। 'आजकल क्या लिखा जा रहा है?'—यह प्रश्न इतना हास्यास्पद बन जाएगा, यह भयानक चीज़ थी।

मैं भयानक घड़ियों में प्राग लौटा था। लन्दन से प्राग—डेढ़ दिन का रास्ता। समूचा मध्य यूरोप धूप में झिलमिला रहा था। बहुत देर तक मैं विश्वास न कर सका कि यह वही रास्ता है, जिसे मैं कई बार पार कर चुका हूँ। जब हम चेकोस्लोवाकिया की सीमा पर आए, तो मेरे लन्दन के साथी उचक-उचककर खिड़की से बाहर देखने लगे। यह उनका पहला अवसर था, जब वे यूरोप के इस 'समाजवादी' हिस्से में जा रहे

थे। यह मेरा भी पहला अवसर था, जब मैं एक ऐसे देश में जा रहा था, जो एक अन्य 'समाजवादी' देश की सेनाओं और टैंकों से घिरा था।

सोवियत-आक्रमण के बाद मैं पहली बार प्राग आया था। सिर्फ़ कुछ दिन पहले जब लन्दन के कुछ चेक मित्रों ने मुझे प्राग में होने वाली एक कॉन्फ्रेंस में आमंत्रित किया, तो मुझे सचमुच बहुत ख़ुशी हुई थी। लन्दन की भीगी, धुँध-भरी सड़कों पर चलते हुए यह विचार असम्भव लगता था कि मैं उस शहर में लौटूँगा, जो मेरा देश नहीं है, लेकिन जो बरसों से मेरा 'घर' रह चुका है। जिस शहर के बारे में, उसकी नियति और उम्मीद और उदासी के बारे में मैं दिन-रात सोचता था, वहाँ मैं दुबारा जाऊँगा, अपने पुराने जाने-पहचाने पबों और 'बियर-घरों' में बैठूँगा, अपने उन मित्रों से मिलूँगा, जो पिछले दिनों मुझे खुलकर पत्र भी नहीं लिख सकते थे; प्राग की पुरानी, चरमराती ट्रामों में नदी पार करूँगा, चेक भाषा को चेक लोगों के मुँह से सुनूँगा—यह सोचते ही मुझे असीम ख़ुशी होती थी, लेकिन फिर भी अन्तिम रात तक मैंने निर्णय नहीं किया। मेरे भीतर कोई चीज़ मुझे बार-बार रोक लेती थी। वह डर नहीं था। सिर्फ़ हल्की-सी शर्म थी अपने ऊपर। जब संकट की घड़ी में हम किसी देश का साथ न दे सकें, तो तमाशबीन की तरह वहाँ जाना ज़्यादा शोभा नहीं देता।

महीनों पहले—वे अगस्त के दिन थे—जब मैंने प्राग छोड़ा था, उस रात देर तक मैं हज़ारों लोगों के साथ जुलूस में प्राग की गलियों में घूमता रहा था। सिर्फ़ एक नारा बार-बार हवा में गूँजता था : 'हम सत्य सुनना चाहते हैं!' आधी रात तक वह जुलूस कम्यूनिस्ट पार्टी के दफ़्तर के सामने खड़ा रहा था—वे सत्य की प्रतीक्षा कर रहे थे, किन्तु वहाँ कोई नहीं था, जो उन्हें झूठा-सच्चा आश्वासन दे सके। पार्टी-दफ़्तर नदी के सामने है। आधी रात की ख़ामोश घड़ी में पुलों की रोशनियाँ पानी पर झिलमिला रही थीं। मेरे कमरे में सब चीज़ें बिखरी पड़ी थीं—

बरसों का सामान, किताबें, रिकॉर्ड, पत्रिकाएँ। दूसरे दिन मुझे चले जाना था, लेकिन जुलूस के लोगों को यह मालूम नहीं था कि मैं सिर्फ़ कुछ घड़ियों का मेहमान हूँ, लन्दन का टिकट जेब में रखकर उनके साथ घूम रहा हूँ—एक तमाशबीन की तरह, क्योंकि जिस क्षण हम किसी चीज़ को छोड़ने का इरादा कर लेते हैं, चाहे वह कोई सिद्धान्त हो, या सम्बन्ध, या कोई शहर, तब हम तमाशबीन से ज़्यादा नहीं रहते। एक सतही साझे का बहाना रेल के टिकट के साथ जुड़ा रहता है, जो न दर्द है, न ज़िम्मेदारी, न लगाव, जो कुछ भी नहीं है। मैं चला आया।

मैं दुबारा वहाँ जा रहा हूँ।

पश्चिमी सीमा पार करते ही ट्रेन में चेक आवाज़ें सुनाई देती हैं। उनमें उल्लास और बेफ़िक्री है। दो नवयुवक गिटार पर अपने गाँव के लोकगीत गा रहे हैं। बाहर धूप फैली है—स्टेशन की दीवारों पर, पत्थरों पर 'दुब्चेक, स्वबोदा' मोटी सुर्ख़ियों में ख़ुदे हैं, जो शायद आक्रमण के दिनों में लिखे गए थे। कुछ और शब्दों को मिटा दिया गया है...'रूसी' शब्द अब भी दिखाई देता है, 'घर जाओ' के अक्षर धुँधले हैं—मिटा देने के बाद भी अटल हैं।

यह मेरा पहला अनुभव था। एक तरह से यह मेरी समूची चेक-यात्रा का प्रतीक बन गया। मिटे और खुले शब्दों के बीच का भ्रम, किसी मूल्य पर भी यह भ्रम क़ायम रखने की कोशिश है, हालाँकि यथार्थ से इसका कोई वास्ता नहीं। लेकिन 'जीवित रहने' की यह एकमात्र शर्त है, और चेकोस्लोवाकिया जैसे एक छोटे देश के लिए यह 'शर्त' बहुत महत्त्वपूर्ण है—एक कमज़ोर मोमबत्ती की लौ की तरह। उसके अस्तित्व को—नक़्शे पर उसके नाम को भी—एक फूँक से मिटाया जा सकता है।

यह मेरा दूसरा अनुभव था। विदेशी की आँखों में कायरता है, चेक लोगों की आँखों में वह राजनीतिक दक्षता का नाम है। मैंने कई बार अपने मित्रों से यह बात सुनी : "अगर हम कोई विरोध या प्रदर्शन करेंगे,

तो रूसी टैंक दुबारा आ जाएँगे और तब रही-सही आशा भी ख़त्म हो जाएगी।"

यह 'रही-सही आशा' केवल भ्रम नहीं है। विदेशी लोग संघर्ष की बात करते हैं, चेक अपने अस्तित्व की। यह 'अस्तित्व' उनकी सदियों पुरानी संस्कृति, भाषा और साहित्य से जुड़ा है। चेक लोग शायद दुनिया में पहले लोग हैं, जो आधुनिक राजनीति के कठघरे में नहीं आते। राजनीति उनके लिए अगर कोई महत्त्व रखती है, तो सिर्फ़ इस अर्थ में कि दूसरे देश उन्हें अपनी 'राजनीति' में खींचना चाहते हैं—पहले युद्ध के पहले आस्ट्रिया, दूसरे युद्ध के पूर्व जर्मनी और अब सोवियत संघ।

अगर एक औसत चेक से कोई पूछे कि उसकी सबसे बड़ी अभिलाषा क्या है, तो वह 'समाजवाद', 'स्वतंत्रता' या 'समता' की बात नहीं करेगा। 'हमें दूसरे लोग शान्ति से रहने दें,'—यह उसका उत्तर होगा, क्योंकि शान्ति ही एक ऐसी चीज़ है, जो मध्य-यूरोप के इस छोटे देश को हमेशा से भरमाती रही है।

मुश्किल यह है कि बड़े राष्ट्रों की इस दुनिया में उनका यह तर्क, उनकी आकांक्षा, इतनी छोटी, इतनी विनम्र होते हुए भी असम्भव जान पड़ती है।

प्राग आते ही सबसे पहले सामना करना पड़ा अन्तहीन, आतंकपूर्ण अफ़वाहों का। हवा में तनाव का इतना ज़ोर था कि हम शुरू में ही कुछ बदहवास हो गए। सोवियत सेनाएँ किसी भी समय, किसी भी घड़ी प्राग में दुबारा आ सकती हैं, सब लोग यही कहते थे। वे प्रतीक्षा कर रहे थे और मेरे पास कोई दूसरा चारा नहीं था, सिवा इसके कि मैं भी उनके 'पुनरागमन' की प्रतीक्षा करूँ।

इस नई तनातनी का कारण सिर्फ़ इतना था कि तीन दिन पहले अन्तरराष्ट्रीय आइस हॉकी के मैच में चेक टीम ने रूसी टीम को दूसरी बार हराया था। पिछले महीनों में सोवियत रूस के विरुद्ध समूचे देश में

जो आक्रोश और घृणा की भावना जमा होती गई थी, इस जीत की ख़ुशी में अचानक फूट पड़ी। एक साथ ही अनेक शहरों में सोवियत-विरोधी प्रदर्शन हुए। प्राग की दीवारों पर हर जगह 4—2 के अंक दिखाई देते थे—यह मैच का स्कोर था। नारे ईजाद करने में चेक लोगों से पारंगत कोई दूसरी जाति नहीं—उनमें विनोद और व्यंग्य का अद्‌भुत सम्मिश्रण होता है और कविता अलग। अनेक दीवारों पर लिखा था : 'रूसी इसलिए हारे, क्योंकि मैच में टैंकों का इस्तेमाल नहीं कर सके!' एक दूसरा नारा जो बहुत लोकप्रिय बन गया, हर दीवार पर देखा जा सकता था—'इदेते दोमू ईवाने, ताम चेकाई चीन्याने' (ईदान, घर लौट जाओ, वहाँ चीनी तुम्हारा इंतज़ार कर रहे हैं)।

यह चेक संस्कृति है, जो संकट की घोर निराशामय घड़ियों में भी अपना हथियार खोज लेती है। जब तक हम इसे नहीं समझेंगे, चेक जाति हमेशा हमारे लिए परायी, रहस्यमय और अभेद्य जान पड़ेगी।

अन्य देशों से क्रान्तिकारी छात्र, मार्क्सवादी विद्रोही बुद्धिजीवी प्राग आते हैं—सोवियत नेताओं, नये स्तालिनवादी नेताओं के विरुद्ध चेक लोगों का संघर्ष देखने के लिए। वे काफ़ी निराश और हतोत्साहित हो जाते हैं, जब देखते हैं कि संघर्ष के कोई निशान नहीं—लोग पुलों पर खड़े होकर धूप सेंकते हैं, बियर-पवें खचाखच भरी रहती हैं, औरतें सब्ज़ी की दुकानों के आगे लाइन में खड़ी हैं, हर जगह शान्ति है, कोई हलचल नहीं, कहीं हंगामा नहीं—मुझे यह चीज़ अखरती है। मैं खीजकर अपने चेक मित्रों से कहता हूँ कि अगर वे इसी तरह हाथ-पर-हाथ धरे बैठे रहेंगे, तो स्थिति और भी बदतर हो जाएगी। वे मेरी ओर देखते हैं, फिर हँसने लगते हैं। हाँ, सचमुच वे हँसते हैं, "तुम सोचते हो, हम कुछ कर सकते हैं...वे बहाना ढूँढ़ रहे हैं, अगर हम एक भी प्रदर्शन, एक भी हड़ताल करेंगे, तो उन्हें यह मौक़ा मिल जाएगा कि वे कह सकें कि चेकोस्लोवाकिया में क्रान्ति-विरोधी शक्तियों के कारण ही यह

सब कुछ हो रहा है। वे कहेंगे कि दुब्चेक में इतनी शक्ति नहीं कि देश में शान्ति और व्यवस्था कायम रख सकें, और फिर उन्हें यह अवसर मिल जाएगा कि दुब्चेक तथा दूसरे लोकप्रिय नेताओं को बाहर निकाल सकें। वे किसी भी समय बाहर निकाले जा सकते हैं। किसी भी समय जेलें भरी जा सकती हैं। किसी भी समय..."

"लेकिन क्यूबा में सिर्फ़ चन्द लोगों ने ही क्रान्ति की थी और वियतनाम..." बर्ट्रेंड रसेल के अमेरिकी सेक्रेटरी मिस्टर शर्मान कहते हैं। "उन्हें चेक लोगों के तर्क समझ में नहीं आते।"

"लेकिन हम 'क्यूबा' नहीं हैं—हम यूरोप के बीच में हैं!"

बहस होती है और उसका कोई अन्त नहीं। हम सुनते हैं। थक जाते हैं। बियर पीते हैं। बाहर प्राग की बासन्ती धूप खिलकर फैली है। वल्तावा की चमकीली धारा, लेतना की नीली पहाड़ियाँ, दुकानों के आगे भीड़, कॉफ़ी पीती हुई बूढ़ी औरतें...प्राग वैसा ही है, जैसा मैंने छोड़ा था। कुछ लम्हों के लिए मैं हवा में उड़ती अफ़वाहों, अपने मित्रों, उनकी दहशत और दु:स्वप्नों को भूल जाता हूँ। इतिहास, चाहे वह कितना ही यातनामय क्यों न हो, अमूर्त है। उसे नज़रअन्दाज़ किया जा सकता है। इस घड़ी सच है यह धूप, लड़कियों की खिलखिलाहट और टेलीफ़ोन के तारों में मेरे मित्रों के विस्मय से भरे स्वर : 'तुम प्राग में हो? सचमुच? फिर आज शाम...'

नहीं, यह असहनीय है। इस धूपीली घड़ी के ऊँघते प्राग में यह कल्पना असम्भव, बेढंगी, देहूदा, अर्थहीन, अश्लील जान पड़ती है कि शहर से कुछ मील दूर जंगलों की बैरकों में सोवियत टैंक तैनात खड़े हैं, किसी भी क्षण इस नगर को घेर सकते हैं। यह हास्यास्पद है। मैं सड़क पर चलता हुआ हँसने लगता हूँ। लोग मुझे विस्मय से देखते हैं और मुस्कराने लगते हैं। आख़िर विदेशी टूरिस्टों को हँसने का हक़ है। अभी तक उस पर कोई पाबन्दी नहीं।

किन्तु यह छलना, यह सुखद भुलावा टिकता नहीं। वह उस नींद के झोंके की तरह है, जिसे कई बार मोटर चलाते हुए थके ड्राइवर ले लेते हैं और जब कुछ सेकेंड बाद हकबकाकर जागते हैं, तो ख़तरे की कल्पना से ही उनकी देह में झुरझुरी दौड़ जाती है।

मैं अँधेरे ज़ीने चढ़ता हूँ—लेखक-संघ का दफ़्तर, फ़िलॉसफ़ी फ़ैकल्टी की इमारत, उसके बाहर नये नाम का यान पालाख स्क्वायर। मैं ज़ीने उतरता हूँ। मैं भागता हूँ उन अज्ञात रेस्तराओं में, जिनके सुरक्षित कोनों में बातचीत की जा सकती है। बोलता हूँ, सुनता हूँ, फिर बोलता हूँ और रात को सोने के पहले मुझे बार-बार एक चेहरा याद हो आता है—दो चेहरे, क्योंकि उसके पति भी उसके साथ बैठे थे। वे दूसरे शहर में रहते हैं। प्राग आकर मैंने सिर्फ़ एक कार्ड उन्हें डाला था। यह आशा नहीं थी कि दोनों अपना काम छोड़कर (वह डॉक्टर है, पति इंजीनियर) सिर्फ़ एक घड़ी मुझसे मिलने के लिए प्राग आ जाएँगे।

हमने रेड वाइन मँगवाई है। जब उसका विवाह नहीं हुआ था और वह मुझसे मिलने आती थी, तो हमेशा रेड वाइन की बोतल लाती थी। मैंने उसके पति को बहुत बाद में जाना और शुरू से ही मैं उन्हें चाहने लगा। बहुत ही ख़ूबसूरत डील-डौल, लम्बा क़द, हद से ज़्यादा ख़ामोश और अपनी पत्नी का प्रेमी। मैं उनसे ईर्ष्या करता था।

अब भी करता हूँ, जब वे मेरे सामने बैठे हैं।

हम इधर-उधर की बातें करते हैं—लन्दन की, प्राग की, आने वाली गर्मी की छुट्टियों की। बीच-बीच में मुझे सन्देह होता है कि वे कुछ दबा रहे हैं, मुझसे कुछ बहुत महत्त्वपूर्ण पूछना चाहते हैं, लेकिन एक-दूसरे के सामने हिचकिचा रहे हैं। लेकिन शायद यह मेरा भ्रम है, मैंने सोचा। कुछ देर बाद उसके पति सिगरेट ख़रीदने बाहर चले गए।

"हम तुमसे सलाह लेने आए थे," उसने कहा।

"कैसी सलाह?" मैंने कुछ विस्मय से उसकी ओर देखा।

"हम..." वह ठहरी, चारों तरफ़ देखा, "हम चेकोस्लोवाकिया से बाहर जाने का इरादा कर रहे हैं।"

"इन छुट्टियों में?"

"नहीं...हमेशा के लिए!" उसने कहा।

"तुम लोग पागल हो!" मैंने बिना कुछ सोचे-समझे कहा।

"यह अचानक किया गया फ़ैसला नहीं है..." उसने एक-एक शब्द तौलते हुए कहा, "मैंने बहुत सोचा है। तुम जानते हो, मेरे लिए प्राग छोड़ना आसान नहीं, हालाँकि मैं प्राग में नहीं रहती!" वह धीरे से हँसी, "लेकिन तुम हालत देखते हो—वही पुरानी चीज़ें दुबारा शुरू हो रही हैं। अख़बारों पर सेंसर, भेदिया पुलिस का डर; जिन लोगों को पिछले साल निकाल दिया गया था, वे अपनी जगहों पर दुबारा आ रहे हैं। यही हालत रही, तो वे पासपोर्ट देना भी बन्द कर देंगे। बिलकुल वही होगा, जो पिछले बरसों में होता आ रहा है...। पहले हम आदी हो गए थे, लेकिन अब यह असम्भव लगता है कि...पिछले साल हमने जो उम्मीदें बाँधी थीं, उनका कोई मतलब नहीं..."

उसका स्वर धीरे-से काँपकर ठहर जाता है। सबकी अपनी स्मृतियाँ, किन्तु एक स्मृति सबकी एक ही जैसी है। उनकी आँखों में अब भी एक चमकीला-सा स्वप्न तिर आता है, जब वे अपने 'प्राग-वसन्त' के दिनों की याद करते हैं—खुली ख़बरें, लम्बी रात की मीटिंगें, दुब्चेक की मुस्कराहट, और सबसे बड़ी बात—आत्मसम्मान का बोध, जो स्वतंत्रता, सिर्फ़ स्वतंत्रता से उत्पन्न होता है।

"अगर पुराना अँधेरा क़ायम रहता," वह कहती है, "तो शायद इन दिनों का अँधेरा ज़्यादा न अखरता। आख़िर बीस वर्षों में हम उसके आदी हो चले थे...लेकिन पिछले साल हमने जो देखा था, उसके बाद..."

उसका वाक्य उसी तरह अधूरा रह जाता है, जैसे वह अधूरा स्वप्न।

"तुम क्या सोचते हो?"

"तुम्हारी कल्पना प्राग से बाहर करना असम्भव लगता है!" मैं कहता हूँ। "कुछ चेहरे हमेशा कुछ शहरों से जुड़ जाते हैं।"

मैंने उसे प्राग में पहचाना था। मैंने प्राग को भी उसमें पहचाना था। जो राजनीति उन दोनों को अलग कर सकती है, उसका नाम अगर समाजवाद हो तो मेरा उस समाजवाद से कोई वास्ता नहीं था।

तब मुझे एक और शाम याद आती है। अप्रैल के दिन थे—बिलकुल ऐसे ही दिन, लेकिन एक साल पीछे। पार्टी में नये परिवर्तन हो रहे थे—लोग, जो बरसों से राजनीति से विमुख हो चले थे, पहली बार पार्टी की नियति को अपने भविष्य के साथ जोड़ने लगे थे। समाजवाद के इतिहास में यह सबसे क्रान्तिकारी परिवर्तन था। आश्चर्य नहीं, इस एक परिवर्तन ने सोवियत नेताओं को सबसे अधिक आतंकित किया था—और यह एक व्यंग्यात्मक स्थिति थी—क्योंकि यह चीज़ उनकी कल्पना के बाहर थी कि कोई कम्यूनिस्ट पार्टी सचमुच जनता में लोकप्रिय हो सकती है!

कैसा क्रूर संयोग है! उस दिन भी वे मुझसे राय माँगने आए थे—मैं काफ़ी हैरान हुआ था, जब उन्होंने मुझे बताया था कि वे कम्यूनिस्ट पार्टी में शामिल होना चाहते हैं। उसके पहले उन्होंने कभी राजनीति में उत्साह नहीं दिखाया था। पति इंजीनियर और वह डॉक्टर। दोनों ही अपने काम में जीवन का अर्थ ढूँढ़ते थे, क्योंकि उसके बाहर हर चीज़ पाखंडपूर्ण और खोखली थी। फिर कुछ हुआ, जिसकी आशा उन्होंने नहीं की थी। उन्हें सहसा महसूस हुआ कि वे भी कुछ कर सकते हैं। पहले राजनीति सिर्फ़ एक दीवार थी, जिससे सिर्फ़ सिर फोड़ा जा सकता है, और कुछ नहीं। अब कोई दीवार नहीं थी और उसका न होना एक चमत्कार से कम न था।

"पहले जब मैं विदेश जाती थी, तो लोगों से यह कहते हुए भी झिझकती थी कि मैं चेक हूँ। पिछले दिनों से मुझे लगता है कि मैं कहीं भी सिर ऊँचा करके चल सकती हूँ।"—यह वाक्य उसने पिछले साल कहा था।

अब हम दुबारा आमने-सामने बैठे हैं। ये भी अप्रैल के दिन हैं, लेकिन कितने ख़ाली, कितने ममताहीन!

"कहाँ जाने के लिए सोच रही हो?" मैं पूछता हूँ।

"कहीं भी..." वह कहती है।

"मुझे काफ़ी अजीब लगेगा तुमसे लन्दन या स्टॉकहोम की सड़क पर मिलना!" मैं मज़ाक़ करने की कोशिश करता हूँ।

वह भी हँसती है। मैं आँखें उठाकर उसकी ओर देखता हूँ और पाता हूँ कि वह रो रही है। आँसू शराब के गिलास पर टपक रहे हैं।

उसके पति उसके बालों को सहलाते हैं, परचाते हैं, "पिछले दिनों से यह अचानक रोने लगती है!" वह असमंजस में मेरी ओर देखते हैं, मानो उसे नहीं, मुझे धीरज बँधाने की कोशिश कर रहे हों।

मैं धीरज के बाहर हूँ। मैं प्राग की सड़कों पर चलता हूँ और जब रात हो जाती है, तो वल्तादा के शान्त बहते पानी को देखता हूँ। तब से अब तक कितना पानी बह गया है! वे लोग जो पिछले वर्ष कम्यूनिस्ट पार्टी में आने के लिए इच्छुक थे, अब अपने देश में रहने से भी डरते हैं! चेकोस्लोवाकिया में प्रथम समाजवादी देश की सेनाओं की यह सफलता क्या कम गौरवपूर्ण है?

"आप लेनिन को जानते हैं?"

वे हँसते हैं।

लेनिन? मैं उनकी ओर देखता हूँ। बचपन की तसवीर, जो मेरे कमरे में लगी थी। शायद आज भी होगी। लेनिन और गोर्की एक साथ खड़े हैं—गोर्की की बेहद उदास आँखें कहीं दूर ठिठकी हैं,

लेनिन की नहीं। वे घूम रही हैं—स्थिर फ़ोटो पर घूमती हुई आँखें—वे लेनिन की हैं।

चेक लेखक संघ के दफ़्तर में मैं उन महिला से बातें करता हूँ, जो मुझे बरसों से जानती हैं। मैं जहाँ कहीं भी होता हूँ, चाहे वह दुनिया का दूसरा छोर ही क्यों न हो, वहाँ चेक पुस्तकें और अख़बार भिजवाना नहीं भूलतीं। मुझे देखकर अपना सब काम छोड़ देती हैं। यों भी ईस्टर की छुट्टियों के एक दिन पहले कौन काम करता है!

"हम तीन महीने इस दफ़्तर में नहीं आए!" वह आक्रमण के दिनों की अपनी स्मृतियाँ कुरेदती हैं, "उन्होंने सबसे पहले लेखक संघ के दफ़्तर पर क़ब्ज़ा किया था। उन्हें नहीं मालूम था कि यह दफ़्तर कहाँ है और जब वे सड़क पर चलते लोगों से लेखक संघ का पता पूछते थे, तो लोग हमेशा उन्हें उलटी दिशा में भिजवा देते थे!" वह हँसती है। मैं भी। वह थोड़ी देर रुककर कहती है, "उन्हें भ्रम था कि चेक लेखकों ने अपने दफ़्तर में बम-बारूद छिपाकर रखे हैं। कई दिनों तक उनके सिपाही बन्दूक़ों-संगीनों के साथ हमारे दफ़्तर पर घेरा डाले रहे...। नीचे हमारी दुकान की शो-विंडो है, उन दिनों वहाँ लेनिन की पुस्तकें रखी थीं। ज़रा सोचिए, दिन-रात रूसी सिपाहियों की संगीनें लेनिन की तसवीर पर तनी रहतीं...। एक दिन मैंने उनसे पूछा कि वे लेनिन को जानते हैं? रूसी सिपाहियों से! जी हाँ...मैंने उनसे कहा कि जिन किताबों पर उन्होंने बन्दूक़ें तान रखी हैं, वे लेनिन की हैं।"

वे कुछ भी नहीं समझे। वे सिर्फ़ हँसने लगे।

प्राग में कितने ज़ीने हैं—अँधेरे, सीलन-भरे! काफ़्का की कहानियों की तरह घुमावदार और रहस्यमय। मैं जब सीढ़ियाँ चढ़ता हूँ, तो बूढ़ी बिल्लियाँ अपने कोनों से बाहर निकल आती हैं। वे मुझे देखती हैं और मैं उन्हें। फिर वे रास्ता छोड़ देती हैं और मैं उनका रास्ता काटकर ऊपर चढ़ने लगता हूँ।

ऊपर रहती हैं डॉ. दर्बोलोवा, उम्र पैंसठ वर्ष। विदेशी छात्र उन्हें प्यार से 'मामिन्का' (माँ) कहते हैं। सात वर्ष पहले जब मैं पहली बार प्राग आया था, उन्होंने मेरे रहने-सहने की व्यवस्था की थी। मेरी संरक्षिका से कब धीरे-धीरे वह मेरी मित्र बन गईं, वह प्रक्रिया उतनी ही पेचीदा है, जितने प्राग के ज़ीने। लेकिन अँधेरे की जगह वहाँ—हमारी मित्रता में—सिर्फ़ प्रकाश है। वह हैरत में मुझे देखती हैं, "मैंने सोचा था, तुम हिन्दुस्तान में हो!" वह मुझे चूमती हैं और मुझे लगता है कि मैं फिर प्रकाश में आ गया हूँ। बूढ़े चुम्बनों की अपनी जवान रोशनी होती है—वह कभी बूढ़ी नहीं होती।

वह जवानी में कम्यूनिस्ट बनी थीं और तब से अब तक हैं। उनके पति भी कम्यूनिस्ट थे, जिन्हें जर्मनों ने कांसन्ट्रेशन कैम्प में ख़त्म कर दिया था। उनकी माँ जीवित हैं—उम्र नब्बे वर्ष। हम उन्हें दादी कहते हैं।

डॉ. दर्बोलोवा मेरे लिए कॉफ़ी बनाती हैं। हम चुपचाप पीते हैं।

"दादी कैसी हैं?" मैं पूछता हूँ। हम दोनों उस चीज़ की चर्चा छेड़ते हुए कतराते हैं, जो हमारे बीच में है।

"वह मेरा विश्वास नहीं करतीं—इस उम्र में वह मुझ पर शक करने लगी हैं!" वह उदास होकर मुस्कराती हैं।

मैं सोचता हूँ कि वह कोई हँसी की बात सुनाएँगी। दादी की अनुपस्थिति में हम दोनों ही उनकी सनकी आदतों की बखिया उधेड़ते हैं।

"वह समझती हैं, मैं पागल हो गई हूँ! जब मुझे देखती हैं, अपने कमरे में भाग जाती हैं," उन्होंने कहा। इस बार वह नहीं मुस्कराईं।

"क्या बात हुई?" मैं पूछता हूँ।

वह कुछ देर तक चुपचाप बाहर देखती हैं। उनके सफ़ेद बालों का जूड़ा ढीला होकर मुरझाए फूल की तरह पीठ पर लुढ़क आया है।

"पता नहीं...शायद उम्र की वजह से। वह मुझे बूढ़ी समझती हैं, मैं उन्हें बूढ़ी समझती हूँ!" वह हँसने लगीं।

"इक्कीस अगस्त की रात थी..." उन्होंने धीरे से कहा, "रसोई की काउच पर ही मैं लेट गई। इतना थक गई थी कि सोने के कमरे में जाने के लिए भी आलस आ रहा था। तुम्हें तो मालूम है, अंडरग्राउंड रेज़िस्टेंस के ज़माने में कारेल (उनके पति) कभी-कभी उसी काउच पर सो जाते थे। आख़िरी रात जब गेस्टापो पुलिस ने हमारे घर पर छापा मारा, तब भी वह इसी काउच पर सो रहे थे...।"

वह चुप हो गईं और मुझे लगा, बीस वर्ष पहले की यातना हवा के झोंके की तरह उनके भीतर गुज़र गई हो।

"दादी अपने कमरे में सो रही थीं...रेडियो खुला था और मैं रसोई की काउच पर ऊँघ रही थी...फिर मैं न जाने क्यों, कैसे जाग गई। शायद रेडियो की वजह से। वह स्मेताना का संगीत बजा रहे थे। आधी रात की घड़ी में स्मेताना का रिकॉर्ड? मैं कुछ भी नहीं समझ सकी। जानते हो, डर का अजीब सर्द-सा स्वाद? जब जर्मन सेनाएँ प्राग में आई थीं, उस रात भी...उन्होंने रेडियो पर स्मेताना का रिकॉर्ड बजाया था। फिर अचानक संगीत बन्द हो गया और मुझे एनाउंसर की आवाज़ सुनाई दी—'वे आ रहे हैं!' वे भी आ रहे थे...मैंने रेडियो दोनों हाथों से पकड़ लिया, जैसे... जैसे वह कारेल का सिर हो...जब गेस्टापो की पुलिस उसे मेरी बाँहों से घसीटकर ले जा रही थी...और तब मैंने सोचा कि यह मुमकिन नहीं है और फिर मैंने दुबारा सुना कि वे प्राग की तरफ़ आ रहे हैं और फिर मैंने रेडियो मेज़ पर रख दिया और बटुए से अपना पार्टी-कार्ड निकाला और कारेल का पार्टी-कार्ड, जो अरसे से उसकी सन्दूक़ में मैंने सँभालकर रखा था...और मेरे मन में आया कि मैं उन दोनों को फाड़ दूँ, लेकिन कारेल का ख़याल आते ही मेरे हाथ रुक गए—वह कम्यूनिस्ट होने के नाते मरा था, क्या मैं कम्यूनिस्ट होने के नाते जी भी नहीं सकती...? और फिर मैंने अपने घर के नीचे उनके टैंकों की आवाज़ सुनी, एक-के-बाद एक वे वेंसस्लाव स्क्वायर की तरफ़ जा रहे थे और उनकी आवाज़

इतनी ऊँची थी कि तुम्हारी दादी, जो आधी से ज़्यादा बहरी हैं, अपने कमरे का दरवाज़ा खोलकर रसोई में आईं और उन्होंने मुझसे पूछा कि यह कैसी आवाज़ है? मैंने पहले सोचा कि उनसे कुछ न कहूँ, किन्तु मैं उनके बुढ़ापे का आदर करती हूँ और इस घड़ी उनसे झूठ बोलना मुझे ओछापन जान पड़ा और तब मैंने उन्हें एक-एक शब्द उनके कानों में चीख़ते हुए बताया कि सोवियत टैंक प्राग को घेर रहे हैं। मैंने सोचा था कि यह ख़बर सुनते ही वह दंग रह जाएँगी। दंग वह ज़रूर हो गईं, किन्तु उनकी प्रतिक्रिया मेरी आशा के बिलकुल विपरीत थी। ख़ुशी से उनका चेहरा दमकने लगा—'तुम मेरा विश्वास नहीं करती थीं, लेकिन मैंने क्या कहा था? अब हमारे कारेल का वे बाल भी बाँका नहीं कर सकते! वे हम सबको बचा लेंगे!' मैं हैरत में उनकी ओर देखने लगी। 'किसको बचा लेंगे? किससे बचा लेंगे?' मैंने चीख़ते हुए उनसे पूछा... और तब दादी ने गद्गद स्वर में कहा—'जर्मनों से और किससे? उनके टैंक हमें मुक्त कराने आए हैं, देखती नहीं? मैंने कहा था कि एक दिन लाल सेना यहाँ आएगी और हम आज़ादी की साँस लेंगे।' दादी रात भर कमरों के चक्कर लगाती रहीं। वह अब भी अपने अतीत में जी रही थीं, जब रूसी सेना सचमुच प्राग को मुक्त कराने आई थी। मैंने उनसे कुछ नहीं कहा। मैं इतना साहस नहीं बटोर सकी कि उन्हें उनके सुखद भ्रम से मुक्त करा सकूँ। इसका उन्हें अधिकार था। नब्बे वर्ष जी कर अगर आदमी को उसके अतीत से भी वंचित कर दिया जाए, तो फिर उसके पास क्या रह जाएगा?" डॉ. दर्वोलोवा ने मेरी ओर देखा, फिर सूखे भाव से हँस दीं—"अजीब मुझे सिर्फ़ तब लगता है, जब वह आग्रह से पूछती हैं कि कारेल छूटकर कब वापस घर लौटेगा? तब मुझे कोई भी बहाना नहीं सूझता!"

उसके बाद वह एकदम चुप हो जाती हैं। जब मैं दुबारा ज़ीना उतरता हूँ, तो उनके शब्द नहीं, उनकी चुप्पी मेरे साथ उतरती है।

वह अब भी मेरे पास हैं।

वे मुझे फ़ोटो दिखाते हैं—बहुत पुरानी, ज़र्द फ़ोटो, लेकिन उन दोनों के चेहरे मैं पहचान सकता हूँ—उनके हाथ में झंडे हैं और वे एक खुली ट्रक में खड़े हैं, फ़ोटो के पीछे डेट लिखी है—1956। तब वे कॉलेज के छात्र थे।

वे दोनों ही हँस रहे हैं—फ़ोटो में।

मैं उनके फ़्लैट में आया था। उन्हें नहीं मालूम कि यह प्राग में मेरी आख़िरी रात है। मैंने उन्हें नहीं बताया। बाद में उन्होंने चिट्ठी में लिखा कि कई दिनों तक वे समझते रहे कि प्राग में ही मैं कहीं छिपा हूँ।

मैं उनके लिए स्कॉच की एक बोतल लाया था। वह मैंने चैनल पार करते हुए स्टीमर पर ख़रीदी थी—ड्यूटी फ्री। उन दोनों के लिए। वे बहुत पुराने मित्र हैं। उनके दो बच्चे हैं और वे सो रहे हैं—पास वाले कमरे में। वे भी मेरे मित्र हैं।

यह पुराने दोस्तों की पार्टी है—जापानी मित्र और एक अंग्रेज़ यहूदी लड़की, जो हमारे डेलीगेशन में लन्दन से आई है।

एक व्हिस्की की बोतल खोलती है, हम पीते हैं। उसके पति यान और वह—यह उन दोनों का फ़्लैट है। प्राग से ज़रा दूर—लेकिन टैरेस से प्राग की रोशनियाँ नज़र आती हैं—अगर रात साफ़ हो।

वह एक साफ़ रात थी और हम पीते हुए रोशनियाँ देख रहे थे। वे हँस नहीं रहे...ट्रक पर उड़ते हुए झंडे, नारे, 1956 के दिन... वह सिर्फ़ फ़ोटो है। वहाँ वे हँस रहे हैं... और उस क्षण ही की हँसी शाश्वत है...।

हर जगह सनसनी है। दो रात पहले प्राग में जनरल ग्रेच्को आए थे। यह वही जनरल हैं, जिनकी कमांड में वारसा पैक्ट की सेनाओं ने चेकोस्लोवाकिया पर आक्रमण किया था।

कुछ महीने पहले दिल्ली में भारतीय प्रधानमंत्री ने जिस व्यक्ति का स्वागत किया था, वह भी जनरल ग्रेच्को थे। कैसा अजीब संयोग है!

हम सब यान की प्रतीक्षा कर रहे हैं। एवा से मालूम हुआ कि वह पिछली तीन रातों से घर नहीं लौटे—प्राग के उन तनाव भरे दिनों में उन्हें हर क्षण प्रधानमंत्री के पास रहना पड़ता है। यान प्रधानमंत्री के सांस्कृतिक सचिव हैं। वह नये चेक साहित्य के सुप्रसिद्ध आलोचक भी हैं। मैं उन्हें तब से जानता हूँ जब वह यूनिवर्सिटी में चेक साहित्य के प्राध्यापक थे। पिछले साल नये सुधार आन्दोलन के स्वर्ण दिनों में सरकार ने बुद्धिजीवियों और लेखकों से सहयोग माँगा था। उन्हीं दिनों यान को यह नई पोस्ट मिली थी। उन्हें कभी-कभी प्रधानमंत्री के भाषण भी लिखने पड़ते थे और इस बात को लेकर हम अक्सर उनकी टाँग खींचते थे।

प्राग आने पर मुझे काफ़ी आश्चर्य हुआ था कि वह अब भी प्रधानमंत्री के परामर्शदाता हैं—सांस्कृतिक मामलों में।

साढ़े ग्यारह बजे उन्होंने एवा को फ़ोन किया—मीटिंग जारी है, लेकिन वह आधे घंटे के लिए आने की कोशिश करेंगे। स्कॉच व्हिस्की की सूचना पाकर भी वह जल्दी न आ सके, इससे अनुमान लगाना मुश्किल न था कि स्थिति बहुत ख़राब है। टेलोफ़ोन पर उन्होंने एक शब्द भी न कहा।

एवा पीती है...उसकी आँखें सुर्ख़ हैं। लगता है, वह भी तीन रातों से नहीं सोई। अगर शान्ति है, तो पास वाले कमरे में, जहाँ दोनों बच्चे सो रहे हैं। उनकी स्थिर गर्म साँसों की आहट हमारी हलचल, बेचैनी, उत्तेजना—सबको हास्यास्पद बना देती है।

क्या होगा? यह एक प्रश्न चारों तरफ़ मँडराता है। एवा बर्फ़ लाती है। अंग्रेज़ यहूदी लड़की मुझसे पूछती है कि क्या दुब्चेक अपनी जगह पर रहेंगे?

अपनी जगह? मैं उसकी ओर देखता हूँ...जगह हर जगह सिकुड़ती जा रही है।

हम पीते हैं।।

रात एक बजे यान की कार की आवाज़ सुनाई देती है। फिर लिफ़्ट चढ़ने की आवाज़...फिर दरवाज़ा खुलने की...यान हम सबको देखते हैं। फिर गिलास में व्हिस्की डालते हैं। फिर मुस्कराते हैं। मैं अंग्रेज़ लड़की का उनसे परिचय कराता हूँ। हम अंग्रेज़ी में बोलते हैं, ताकि वह हमारी बातों को समझ सके। लेकिन हम चुप हैं और चुप्पी की कोई भाषा नहीं, उसे सब समझ सकते हैं।

एवा प्रश्न-भरी दृष्टि से यान को देखती है—क्या प्रिसीडियम की मीटिंग अब भी जारी है? यान सिर हिलाते हैं। वह अपनी अंग्रेज़ी में धीरे-धीरे शब्दों को टटोलते हैं, "इट इज़ बैड। इट इज़ नो होप।"

कमरे के सन्नाटे में उनकी आवाज़ रेंगती है।

जनरल ग्रेच्को ने उस रात अन्तिम चेतावनी दी थी—अगर चेक अपने को नहीं बदलेंगे, तो वे ख़ुद उन्हें बदलेंगे! वे सोवियत-विरोधी प्रदर्शन किसी भी हालत में बरदाश्त नहीं कर सकते...वे चाहते हैं, कड़ा सेंसर हो, पुलिस को पुराने अधिकार मिलें, हर प्रदर्शन और जुलूस पर पाबन्दी लगाई जाए...।

"अगर हम अपने घर में व्यवस्था नहीं करेंगे...उनकी रुचि की व्यवस्था—तो वे करेंगे!" यान ने कहा।

"लेट देम डू इट!" एवा कहती है।

"दे विल डू इट विद गन्स!" यान कहते हैं।

फिर सहसा उनकी आवाज़ नर्म पड़ जाती है, "तुम क्या सोचती हो, वे दुबारा प्राग में टैंक लाएँगे, तो जो कुछ बचा है, वह भी ख़त्म हो जाएगा...?"

"कुछ भी बचा है?" एवा अपनी तीखी, सुर्ख़ आँखों से उनकी ओर देखती है।

"एक आक्रमण और महीनों के आतंक और इतनी धमकियों के बाद जितना बचा रह गया है, वह कम नहीं!"

"This is all talk. They want us to do their dirty work and you do it and you call it wisdom and I call it cowardice. Yes, cowardice."

एवा चीख़ती है...यान अपना हाथ उसकी हथेली पर रख देते हैं, फिर हमारी ओर देखकर हँसते हैं।

"हम इसी तरह हर रात लड़ते हैं...हर रात, जब मैं लौटता हूँ, तो यह मुझसे ऐसे प्रश्न पूछती है, मानो इस हालत के लिए मैं ज़िम्मेदार हूँ...। अगर हमारे बीच तलाक़ की नौबत आई, तो मैं कोर्ट में कहूँगा कि उसके लिए कोसिगिन ज़िम्मेदार हैं, मैं नहीं!"

हम हँसते हैं। वातावरण सहसा ढीला पड़ गया है। एवा फ्रिज़ से और बर्फ़ लाती है। हम पीते हैं। टैरेस से प्राग की रोशनियाँ दिखाई देती हैं।

"आप क्या करती हैं? अंग्रेज़ यहूदी लड़की एवा से पूछती है।

"स्कूल में पढ़ाती हूँ," एवा कहती है।

"इज़ इट इंटेरेस्टिंग?"

"इट वाज़। इट इज़ नो लौंगर!" एवा ने व्हिस्की का लम्बा घूँट लिया। यान का हाथ अब भी उसकी बाँह पर है। दोनों अचानक बहुत पास-पास हो आए हैं। "मैं रूसी साहित्य पढ़ाती हूँ।"

एवा ने इतने धीमे स्वर में कहा कि अंग्रेज़ लड़की कुछ नहीं समझ सकी। वह अचानक चेक में बोलने लगी थी, "मैं बरसों से रूसी साहित्य पढ़ाती आई हूँ...अब मैं क्लास में जाती हूँ, तो आधी से ज़्यादा क्लास ख़ाली होती है। वे आते नहीं और मैं कुछ कहती नहीं...मैं उन्हें बहुत समझाने की कोशिश करती हूँ कि पुश्किन और चेख़ॅव की भाषा वह नहीं है, जो प्राग में घूमते रूसी सिपाही बोलते हैं...लेकिन वे समझते नहीं और मैं ख़ुद कुछ नहीं समझती कि अन्तर कहाँ है...!"

लेकिन आगे वह कुछ नहीं कह पाती। शब्द जैसे सैलाब में बह गए हों। उसने अपना सिर मेज़ पर टिका लिया...नहीं, हम आँसू नहीं देखते, सिर्फ़ हिलती हुई देह दिखाई देती है।

"उसने बहुत पी ली है!" यान ने उसका सिर थपथपाते हुए कहा।

अंग्रेज़ लड़की कुछ नहीं समझती और हममें अनुवाद करने की हिम्मत मर गई है।

यान एवा को उठाकर खिड़की के पास ले जाते हैं। दोनों चुपचाप बाहर देखते हैं, जहाँ अँधेरा है और प्राग की रोशनियाँ हैं।

दीवार पर वही पुराना फ़ोटो दिखाई देता है—एवा और यान खुली ट्रक पर बैठे हैं, हाथों में लाल झंडे हैं, डेट 1956। उस साल दोनों एक साथ कम्यूनिस्ट पार्टी के सदस्य बने थे।

दोनों हँस रहे हैं—फ़ोटो में।

हम ज़ीना उतरकर बाहर आते हैं। ऊपर के कमरे में बच्चे सो रहे थे और हमने फुसफुसाते हुए एक-दूसरे से विदा ली थी, लेकिन मैंने उन्हें यह नहीं बताया था कि मैं दूसरे दिन लौट रहा हूँ।

वे अब भी सोचते हैं कि मैं प्राग के किसी कोने में छिपा हूँ!

# परम्परा और प्रतिबद्धता : एक बातचीत

प्राग-आवास के दौरान समय-समय पर मुझे अनेक चेक लेखकों से अनौपचारिक स्तर पर बातचीत करने का मौक़ा हाथ लगा था। एक ख़ास चीज़, जिसने विशेष रूप से मुझे आकर्षित किया था, इन लेखकों की फैली हुई साफ़ दृष्टि और अकुंठित रुचि थी, जो सम्भवतः मुक्त और खुली जिज्ञासा में उत्पन्न होती है और जिसके साथ एक गहरी विनयशीलता जुड़ी रहती है। मेरे लिए यह प्रीतिकर अनुभव था क्योंकि जिज्ञासा, अकुंठित रुचि और विनयशीलता जैसी कमज़ोरियाँ हमारे देश के साहित्यकारों में कम ही दिखाई देती हैं। मुझे अपने इन सम्पर्कों के आधार पर यह भी महसूस हुआ कि साहित्य की ग़रीबी और सम्पन्नता सिर्फ़ इस बात पर ही निर्भर नहीं करती कि उसमें कितनी अच्छी या बुरी कहानियाँ, कविताएँ लिखी जा रही हैं—इस पर भी बहुत हद तक निर्भर करती है कि 'असाहित्यिक' प्रश्नों के प्रति लेखकों की दृष्टि कितनी साफ़ या धुँधली है।

आज भी बहुत-से लोगों के मन में यह प्रश्न उठता है कि लौह-आवरण के पीछे लेखक क्या 'मुक्त' रूप से सोच-विचार कर सकते हैं? अपनी ओर से मैं सिर्फ़ इतना कह सकता हूँ कि बातचीत के दौरान, चाहे वह किसी विषय पर ही क्यों न हो—वे सोच सकते हैं। जो व्यक्ति सोच सकता है, वह हमेशा मुक्त ढंग से ही सोच सकता है और मुझे ऐसे लोग उनकी अपेक्षा अधिक साहसी और वयस्क जान पड़ते हैं जो मुक्त होने का तो दावा करते हैं लेकिन सोचने के दायित्व से कतराते हैं। सोचना ख़ुद मुक्त होने का रास्ता है और उस रास्ते पर बाहर का 'लौह-आवरण' कोई कंटक नहीं है, यदि ख़ुद हमारे भीतर 'लौह-आवरण' मौजूद न हो।

बातचीत की छिटपुटी कतरनों को संयोजित रूप देने के लिए मैंने कुछ ऐसे सामान्य प्रश्नों को चुना था जो साहित्य से इतना सम्बन्ध नहीं रखते जितना इस दुनिया से, जिसमें हम जी रहे हैं। यह इसलिए भी ज़रूरी था, क्योंकि चेक लेखक दुर्भाग्यवश अनुवादों के अभाव में आज भी हिन्दी पाठकों से अपरिचित रहे हैं। एक-दो नाम इधर-उधर अवश्य किसी ने सुने हों, किन्तु उनकी पुस्तकों के सम्पर्क में आने का मौक़ा कम ही लोगों को प्राप्त हुआ है। हर लेखक का व्यक्तित्व चाहे अपने में कितना ही दिलचस्प क्यों न हो, अन्ततोगत्वा उसकी किताबों से जुड़ा होता है और ऐसी स्थिति में जब हम उनकी किताबों से अनभिज्ञ हों, शुद्ध साहित्य के बारे में उनके विचार हमारे लिए बहुत हद तक अमूर्त और सन्दर्भहीन साबित होंगे। अत: जानबूझकर मैंने ऐसे प्रश्नों को चुना था जिन्हें 'असामान्य' अर्थ में सामान्य कहा जा सकता है जो रूढ़ अर्थ में साहित्यिक न होकर भी साहित्य की आबोहवा से सम्बन्ध रखते हैं। यों भी अपने में यह जिज्ञासा मुझे बहुत स्वाभाविक जान पड़ती है कि एक समाजवादी देश के लेखक (जो चाहे स्वयं समाजवादी न हों) उन समस्याओं के बारे में क्या सोचते हैं जो बीसवीं सदी की औद्योगिक सभ्यता की देन हैं...एक ऐसी सभ्यता जिसका गौरव और जिसकी बर्बरता

अणु-युग की सम्भावनाओं की तरह असीम है और जिसका दबाव समाजवादी देशों पर उतना ही गहरा है जितना पश्चिम की 'आज़ाद दुनिया' पर।

यह वह बिन्दु है जहाँ चेक बुद्धिजीवी पश्चिम के बुद्धिजीवियों से ज़्यादा अलग नहीं हैं, जैसा आपको इस बातचीत में भी जगह-जगह दिखाई देगा। मनुष्य का अजनबीपन, जिसे मार्क्स ने पहली बार 'एलियेनेशन' के नाम से सम्बोधित किया था, समाजवादी देशों में (ख़ास कर उन देशों में जहाँ पहले से ही एक विकसित औद्योगिक व्यवस्था क़ायम है) भी एक ख़ास क़िस्म का तनाव उत्पन्न कर सकता है, इसी की ओर अनेक लेखकों का ध्यान गया है। पहले इस प्रश्न को यह कहकर टाल दिया जाता था कि पूँजीवादी व्यवस्था के समाप्त हो जाने के बाद मनुष्य का 'एलियेनेशन' स्वतः ही ख़त्म हो जाएगा—एक हद तक यह बात सही भी है। किन्तु सिर्फ़ एक हद तक और सिर्फ़ सीमित अर्थ में ही, क्योंकि तकनीकी सभ्यता ने समाजवादी देशों में भी धीरे-धीरे एक ऐसा इतर मानवीय ढाँचा तैयार कर दिया है, जहाँ एक मनुष्य की 'विवेकशील' आवाज़ उतनी ही धीमी और कमज़ोर है, जितनी अन्यत्र। ख़ुद समाजवादी देश के लेखक इस बोझ और तनाव को कितनी शिद्दत से महसूस करते हैं, इसका अनुमान इस बातचीत से लगाया जा सकता है।

बहस में जिन लेखकों ने भाग लिया है, उनमें से एक को छोड़कर सब कथाकार हैं। अपने साहित्य-सृजन में एक-दूसरे से बहुत भिन्न होते हुए भी उन्हें कई चीज़ें एक-दूसरे से जोड़ती हैं। स्तालिनवादी युग का मोहभंग, जिसके परिणामस्वरूप किसी भी मूल्य पर अपनी आवाज़ को चाहे वह कितनी छोटी क्यों न हो—टटोलने और पहचानने का अहसास रखते हैं, निर्भय और तर्कशील वस्तुपरकता जो भावुक न होने पर भी सनकीपन की झूठी घोषणाओं से दूर है और एक व्यापक निश्छल रुचि जो आसपास की दुनिया में रसी-पगी है। इन सब लेखकों की महत्त्वपूर्ण पुस्तकें सन् '60 के आसपास प्रकाशित हुई थीं। यह वह समय था जब

आधुनिक चेक साहित्य में ज़्दानोवी दुराग्रह घुलने लगे थे और हर नया लेखक अपने अनुभव-क्षेत्र में नये प्रयोग करने को आतुर था।

इस दृष्टि से मुझे इवान विस्कोचिल (1929) सबसे अधिक मौलिक प्रयोगधर्मी लेखक जान पड़े हैं। कथा-लेखक वह उतने नहीं, जितने कथावाचक हैं और उनकी तर्कहीन, अर्थहीन, ऊपर से ऊलजलूल दिखने वाली कहानियाँ कितनी पैनी, व्यंग्यात्मक और विनोदपूर्ण हो सकती हैं, इसका अनुमान उन्हें पढ़कर इतना नहीं, जितना स्वयं लेखक के मुँह से सुनकर लगाया जा सकता है। प्राग की एक छोटी-सी जैज़ क्लब में विस्कोचिल स्वयं अपनी कहानियाँ और नाटक (इन्हें वह पूरी गम्भीरता से 'स्टुपिड ड्रामा' कहते हैं) पढ़ते हैं। 'टेक्स्ट अपील' प्रोग्राम का नाम है। तीन-चार घंटों तक कोई लेखक किस तरह अपनी 'प्रोटेस्क', दार्शनिक और संगतिहीन रचनाओं से मंत्रमुग्ध कर सकता है, यह अपने में सर्वथा अद्वितीय अनुभव है। और दूसरे छोर पर शिल्प और संवेदना में विस्कोचिल से बिलकुल भिन्न ईवान क्लीमा (1931) हैं, जिनकी हर रचना एक विषादपूर्ण अन्तर्द्वंद्व से भरी है। मनुष्य और इतिहास के बीच द्वंद्वात्मक तनाव और एक अस्तित्ववादी पीड़ा—जो सम्पूर्ण मानवीय मान्यताओं की खोज से उत्पन्न होती है—उनके साहित्य का अभिन्न अंग है। एक समाजवादी लेखक के लिए (क्लीमा कम्यूनिस्ट हैं) यह खोज कितनी निर्मम आग्रहपूर्ण और सृजनात्मक हो सकती है, क्लीमा की कहानियाँ इसका सजीव आईना हैं। क्लीमा के दर्शन से काफ़ी निकट—किन्तु अपनी कहानियों में उनसे बहुत अलग—यारोस्लाद पुतीक (1923) हैं। उनके उपन्यास 'दीवार' ने सबसे पहले आलोचकों का ध्यान अपनी ओर आकृष्ट किया था। युद्ध के आरम्भिक वर्ष कम्यूनिस्ट होने के कारण 'कांसन्ट्रेशन कैम्प' में गुज़ारे। शायद यही वजह है कि एक व्यक्ति के नाते इन्होंने मानवीय यातना को जितनी गहराई से भोगा था, उतनी ही गहराई युद्ध के बाद एक लेखक के नाते उसके प्रति इतने तटस्थ और वस्तुपरक रह सके हैं।

यों भी जो लोग सचमुच पीड़ा का सामना करते हैं, वे भोगने-झेलने की बातें शायद ज़्यादा नहीं करते। लादीस्लाव फुक्स (1923) कहानी-लेखक से अधिक महत्त्वपूर्ण उपन्यासकार हैं। उनके पात्र अक्सर दुहरी ज़िन्दगी जीते हैं—एक वह जो उनकी अपनी है, लेकिन जो बीत चुकी है, या मर चुकी है; दूसरी वह, जो परायी, अजनबी है, लेकिन एक ख़ास स्तर पर पहली ज़िन्दगी को काटती हुई चली जाती है। उपन्यासों में उन्होंने समय के जिस 'मिथ' की रचना की है, वह एक बच्चे के सपनों से अलग नहीं, न ही उन यहूदियों की दुनिया से अलग है जो युद्ध और फ़ासिज़्म की छाया में जीते हैं। समय के इस 'मिथ' को लेकर फुक्स ने कुछ ऐसे 'संस्मरणात्मक' उपन्यासों की रचना की है जो यूरोपीय साहित्य में दुर्लभ हैं। उनकी रचनाएँ अनायास टॉमस मान के इस कथन का स्मरण करा देती हैं : "हमारे समकालीनों की सर्वश्रेष्ठ रचनाएँ सृजन की क्रिया न होकर दुबारा याद करने की प्रक्रिया का अंग हैं—संस्मरणों से भरी हुई।"

और अन्त में इस बहस में भाग लेने वाले लेखकों में अन्तोनिन येलीनेक (1930) ही ऐसे हैं जो कथाकार न होकर आलोचक हैं। एक दायित्वपूर्ण और गम्भीर आलोचना भी कितने हल्के-फुल्के अन्दाज़ में बिना सनसनीखेज़ दावों का आश्रय लिये लिखी जा सकती है, उनका लेखन इसका सजीव प्रमाण है। यों भी अच्छी आलोचना गद्य-विधा के रूप में स्वयं में आनन्द की वस्तु हो सकती है, अनेक 'सृजनात्मक' कहानियों से अधिक सृजनात्मक, इसे दुर्भाग्यवश हमने बहुत कम पहचाना है। इस दृष्टि से येलीनेक न केवल एक अच्छे आलोचक हैं, बल्कि एक अच्छे गद्य-लेखक भी। बहस के लिए जिन प्रश्नों को चुना गया था, श्री येलीनेक ने उनका उत्तर एक पत्र के रूप में दिया है, जिसे यहाँ अलग से दिया जा रहा है।

प्रश्नावली को एक साथ प्रस्तुत करने के बजाय हमने यह अधिक उचित समझा है कि हर प्रश्न को अलग-अलग पेश किया जाए और उसके साथ-ही-साथ लेखकों के उत्तरों को भी।

**प्रश्न :** एक चेक लेखक होने के नाते आपका अपनी सांस्कृतिक परम्परा के प्रति क्या रुख़ है? क्या आपको वह एक बोझ महसूस होती है, जिससे आपको मुक्त होना है; या आप उसे एक स्थिति के रूप में स्वीकारते हैं जिसके आधार पर एक ऐसे साहित्य की रचना हो सकती है जो 'कन्टेंट में समाजवादी है और रूप में राष्ट्रीय' है? या आप महज़ उसके प्रति उदासीन हैं—क्योंकि अपने लेखन में उसका होना न होना आपके लिए विशेष महत्त्व नहीं रखता?

**यारोस्लाव पुतीक :** अपनी परम्परा के प्रति मैं किसी प्रकार का कर्तव्य या दायित्व महसूस नहीं करता। हाल में ही कुछ आलोचकों ने सांस्कृतिक परम्परावाद के महत्त्व पर ज़ोर डाला था, किन्तु लेखकों में उसकी कोई विशेष प्रतिक्रिया नहीं हुई। ऊपर से—सरकार की तरफ़ से—बहुत ज़ोर डालने के बावजूद हमारे यहाँ किसी ऐसी महत्त्वपूर्ण कृति की रचना नहीं हो सकी जिसका 'कन्टेंट समाजवादी हो और रूप राष्ट्रीय'। मैं यह नहीं कहता कि हमारे यहाँ किसी विशेष राष्ट्रीय परम्परा का अस्तित्व नहीं है। जिस सीमा तक वह जीवन्त है, उसने अचेतन रूप से हमारी संस्कृति के आध्यात्मिक वातावरण का निर्माण करने में योग दिया है। निस्सन्देह ही माखा, न्योम सोवा, नेरुदा और हाशेक जैसे लेखकों के बिना चेक साहित्य की कल्पना करना असम्भव है। हमारी यह परम्परा स्पष्ट रूप से ही मानववादी, लोकतांत्रिक और सामन्त-विरोधी रही है—यह तथ्य और भी साफ़ हो जाता है अगर हम चेक संस्कृति की तुलना अपने निकटतम पड़ोसियों—पोलैंड, हंगरी और जर्मनी से करें। मैं इस बात पर विश्वास नहीं करता कि सांस्कृतिक परम्परा का 'निर्माण' नक़ली तरीक़ों से किया जा सकता है—कीटाणुओं की 'संस्कृति' की तरह। हाशेक ('भला सिपाही श्वायक' के लेखक) को यह जानकर काफ़ी अचम्भा होता कि वह 'क्लासिक' बन चुके हैं। अन्य लेखक भी केवल उस समय ही 'क्लासिक' चेक लेखक बन सके जब इनका कृतित्व

राष्ट्रीय उपचेतना का भाग बन गया। अत: यह असम्भव नहीं कि आज की पीढ़ी के कुछ साहित्यकार भविष्य में 'राष्ट्रीय लेखक' की उपाधि से विभूषित किये जाएँ—हालाँकि मुझे सन्देह है कि उनमें वे लेखक अधिक संख्या में होंगे, जिन्हें आज सरकार की ओर से 'राष्ट्रीय लेखक' की उपाधि दी जा रही है।

**इवान क्लीमा :** हममें से हर कोई एक ऐसे देश में रहता है जिसकी कोई-न-कोई सांस्कृतिक परम्परा है और हममें से हर कोई अपने को एक ऐसी स्थिति में पाता है जो सिर्फ़ सांस्कृतिक ही नहीं है। मैं सोचता हूँ कि आज हम सिर्फ़ अपने देश की परम्परा से ही प्रभावित नहीं हो रहे, बल्कि एक व्यापक परम्परा, एक वृहत्तर समूह की सांस्कृतिक स्थिति भी ज़बरदस्त ढंग से हमें प्रभावित करती है। आज राज्यों, देशों और राष्ट्रों की सांस्कृतिक स्थिति के बजाय महादेशों (कांटीनेंट्स) की व्यापक सांस्कृतिक स्थिति का अधिक महत्त्व है। साहित्य के बारे में 'समाजवादी कंटेंट और राष्ट्रीय रूप' की बात करना एक राजनीतिक फ़ॉर्मूले का सहारा लेना है। मैं राजनीतिज्ञ नहीं हूँ। एक ऐसे आदमी के नाते जिसका साहित्य से सम्बन्ध है—मैं इतना अवश्य जानता हूँ कि राजनीतिक संज्ञाएँ इतनी अधिक स्थूल और उथली होती हैं कि उन्हें साहित्य-सृजन जैसी पेचीदा प्रक्रिया की कसौटी नहीं बनाया जा सकता।

**लादोस्लाव फुक्स :** लेखकों के 'कास्मोपोलिटिज़्म' में मेरा विश्वास नहीं है—कम-से-कम इस अर्थ में नहीं कि कोई भी लेखक अपने कृतित्व में अपनी सांस्कृतिक परम्परा से अपने को सम्पूर्ण रूप से उखाड़ सकता है। मैं कल्पना नहीं कर सकता कि कोई लेखक—अवचेतन रूप से ही सही—उस देश की सांस्कृतिक विरासत का उपभोग नहीं करेगा, जिसमें वह पैदा हुआ है, और जहाँ उसकी ज़िन्दगी बीती है। यहूदी लेखकों का ही उदाहरण लीजिए—लगभग पूरी ज़िन्दगी अपने देश से

बाहर गुज़ार देने पर भी वे बार-बार अपनी रचनाओं में अपनी मातृभूमि की सांस्कृतिक विरासत की ओर लौटते हैं—लौटना पसन्द करते हैं (उदाहरणतः मैक्स ब्रांड की पुस्तकें। यह सही है कि हर प्रकार की राष्ट्रीयता, जातीय संकीर्णता और अपने राष्ट्र का 'कल्ट' हमारे लिए पराया है, किन्तु इस बात से इनकार नहीं किया जा सकता कि मेरे भीतर जो कुछ भी जीवित और जीवन्त है, उसका बहुत बड़ा हिस्सा उस देश की परम्परा, संस्कृति, वातावरण, चरित्र, आकांक्षाओं और चेष्टाओं से सम्बन्ध रखता है, जिसमें मेरा जन्म हुआ है। मेरी अपनी राय में यह न केवल स्वाभाविक है, बल्कि सही भी है। जिसे हम 'विश्व-संस्कृति' कहते हैं, वह विभिन्न राष्ट्रीय संस्कृतियों का संगम मात्र है और उसी में उसका वैविध्य, रंगीनी, गौरव और जादू निहित है।

**इवान विस्कोचिल :** जहाँ तक सांस्कृतिक परम्परा का प्रश्न है, आज तक मैंने उसे समझने का दायित्व महसूस नहीं किया, न ही विशेष रूप से मैं उसके बारे में सोचता ही हूँ। किन्तु इतना ज़रूर जानता हूँ कि अपने अस्तित्व द्वारा मैं उससे बँधा हूँ—उसका शिकार हूँ और साथ-साथ उसे बनाता भी हूँ।

**प्रश्न :** आजकल प्रायः मनुष्य के 'परायेपन' (एलियेनेशन) की चर्चा की जाती है—क्या आप समझते हैं कि समाजवादी व्यवस्था में वह 'परायापन' उसी रूप में और उतनी ही भयंकरता से मौजूद है जितना पश्चिमी देशों में? क्या आपके देश में इसका सम्बन्ध स्तालिनवादी युग के मोहभंग से जोड़ा जा सकता है? अथवा आप सोचते हैं कि यह तथाकथित 'परायापन' तकनीकी युग के दबाव से उत्पन्न होता है—टेलीविज़न, फ़िल्में, सनाचार-पत्र जो तकनीकी समाज की उपज हैं और जिनका दूषित प्रभाव समाजवादी व्यवस्था में उतना ही गहरा और व्यापक है, या भविष्य में हो सकता है, जितना 'स्वतंत्र दुनिया' में?

**लादीस्लाव फुक्स :** मैं समझता हूँ कि एक ऐसे देश में मनुष्य का 'परायापन' जो समाजवाद के निर्माण में प्रयत्नशील है, पश्चिमी देशों के 'परायेपन' से बहुत-कुछ मिलता-जुलता है। यदि यह समानता न होती तो हम 'परायेपन' की संज्ञा का—जिसका कंटेंट हर जगह एक ही रहता है—इस्तेमाल न करके किसी दूसरे शब्द का सहारा लेते। किन्तु दूसरी तरफ़ इस शब्द (परायापन) की कुछ शुद्ध, निजी विशेषताएँ भी हैं—ऐसी विशेषताएँ, जो हमारे विशिष्ट समाज-संगठन और इस संगठन के अतीत से उत्पन्न हुई हैं। प्रस्तुत सन्दर्भ में 'परायेपन' का सम्बन्ध अवश्य ही स्तालिन-युग की मान्यताओं के 'मोह-भंग' में देखा जा सकता है—कम-से-कम उन लोगों में जो इन मान्यताओं में सम्पूर्ण रूप से आस्था रखते थे। मैं उनमें नहीं था। किन्तु इस बात में मुझे कोई सन्देह नहीं कि हमारे 'अजनबीपन' के अपने कारण, अपना स्वभाव, अपनी विशेष गन्ध है जो हमारे समाज की विशिष्ट जीवनधारा से, उसकी समस्याओं, कठिनाइयों और संघर्षों से उत्पन्न हुई है।

आज की तकनीकी उपलब्धियाँ हमारा सौभाग्य भी हैं और दुर्भाग्य भी। ऐसे युग में केवल यह आशा की जा सकती है कि हमारी दुनिया की बागडोर ऐसे लोगों के 'हाथों' में हो जो सौ-फ़ीसदी ज़िम्मेवार, विवेकशील और दूरदर्शी हों—ऐसे लोग जो न्याय में विश्वास रखते हैं और जो कट्टरता, जातीय संकीर्णता, वर्णभेद और बर्बरता से अन्धे नहीं हो गए हैं।

**इवान विस्कोचिल :** मुझे लगता है कि आत्यन्तिक रूप से—जहाँ तक जीने और अनुभव करने का प्रश्न है—हम जो 'परायापन' महसूस करते हैं, वह अन्य दुनिया के 'परायेपन' से अलग नहीं है। अलग सिर्फ़ वे ठोस परिस्थितियाँ और समूचा वातावरण है जो बराबर हमें यह महसूस करवाते रहते हैं कि हम एक ऐसे निर्वैयक्तिक ढाँचे—ऐपरेटस—पर निर्भर हैं जो हमारे बाहर (और हमारे भीतर भी) चालू है और जो बिना

हमारी संचेतना और सहयोग के हमें चलाता है। मैं यह भी समझता हूँ कि स्तालिन युग की मान्यताएँ ख़ुद अपने में आदमी के 'अजनबीपन' का प्रदर्शन करती थीं और उनके प्रति 'मोह-भंग' और अपनी स्थिति के प्रति आलोचनात्मक दृष्टि कुछ लोगों के लिए इस 'अजनबीपन' का अतिक्रमण करने में सहायक हो सकती है, किन्तु सिर्फ़ इस शर्त पर कि वे स्तालिन-युग के भ्रमों के बदले अपने भीतर दूसरे क़िस्म के भ्रमों को न पालने लगें।

**यारोस्लोव पुतीक :** आदमी के 'परायेपन' या 'अजनबीपन' के बारे में आजकल काफ़ी चर्चा की जाती है और वह एक ऐसा फ़ैशनेबुल शब्द बन गया है जिसका प्रयोग किसी पर भी और किसी भी समय किया जा सकता है। किन्तु एक बार यदि इसे फ़ैशन से अलग करके देखें तो हमें आधुनिक समाज-व्यवस्था की सबसे बड़ी समस्या का सामना करना पड़ेगा। जिस श्रेणी में हम स्वतंत्रता, आत्मा और नैतिकता जैसे व्यापक और बहुअर्थीय शब्दों को शामिल करते हैं, उसी श्रेणी में 'अजनबीपन' भी आता है। हर कोई उसका अर्थ अपने ढंग से निकाल सकता है, किन्तु इसमें कोई सन्देह नहीं कि इस विषय में हमारे और तथाकथित पश्चिमी देशों के बीच काफ़ी बड़ा अन्तर है। हमें यह भी नहीं भूलना चाहिए कि 'अजनबीपन' का जो अर्थ विकसित जीवन-स्तर वाले देशों में लिया जाता है, वह उन देशों से बहुत अलग है जहाँ लोग दो जून रोटी के लिए संघर्ष करते हैं।

सैद्धान्तिक दृष्टि से देखें तो कोई ऐसा कारण नज़र नहीं आता कि समाजवादी देशों में 'अजनबीपन' की समस्या मौजूद हो। यों भी हमारे यहाँ अनेक ऐसे सिद्धान्तवादी लोग हैं जिन्हें 'अजनबीपन' की समस्या बिलकुल दिखाई नहीं देती और जो इसे पुरानी दुनिया की मनोवैज्ञानिक प्रवृत्ति के अवशेष रूप में ही परखते हैं। दूसरी ओर, जब उसके अस्तित्व में विश्वास भी किया जाता है तो भी उसके कारण बहुत उथले ढंग

से दिये जाते हैं—पूँजीवादी समाज में 'अजनबीपन' वैयक्तिक सम्पत्ति से उत्पन्न होता है, समाजवादी व्यवस्था में नौकरशाही से। हमारे कुछ कलाकार भी समस्या को इसी दृष्टि से देखते हैं। मैं समझता हूँ कि समस्या इससे कहीं ज़्यादा गहरी और पेचीदा है। अगर नौकरशाही की समस्त कुरीतियों का उन्मूलन कर दिया जाए और हमारा सामाजिक ढाँचा आदर्श ढंग से चलने लगे तो भी हम अपने को वहाँ पाएँगे जहाँ आज अमेरिका की 'हाई सोसाइटी' है।

अजनबीपन का युग नीत्शे की इस चीख़ से आरम्भ हुआ था कि 'ईश्वर मर गया'। वास्तव में ईश्वर मर चुका है। उन्नीसवीं शती और इससे कहीं अधिक बीसवीं शती का धर्म-विरोध बहुत गहरा है, हालाँकि चर्च के सदस्यों की संख्या दिन-पर-दिन बढ़ती जाती है। चाँद की तरफ़ उड़ने वाले अमेरिकी चालक की जेब में बाइबल की प्रति भले ही रखी हो, उससे धर्म की रक्षा नहीं की जा सकती। हम चर्च के सत्ताधारियों के दृष्टिकोण को अच्छी तरह समझ सकते हैं जब उन्होंने गैलीलियो को अपने इस सिद्धान्त का खंडन करने के लिए बाध्य किया था कि धरती सूर्य के इर्द-गिर्द घूमती है। उन्हें आशंका थी कि गैलीलियो का यह सिद्धान्त न केवल उनकी सत्ता पर आक्रमण करता है बल्कि दुनिया के समूचे मानव-केन्द्रित ढाँचे को चोट पहुँचाता है। आधुनिक मनुष्य विश्वास नहीं करता, उसने प्राचीन और मध्य युगों की भोली, शिशुवत् आस्था को हमेशा के लिए खो दिया है—हालाँकि ज्ञान-विज्ञान ने, यहाँ तक कि नक्षत्र-मंडल पर मनुष्य की विजय ने उसे ख़ास सुख-सन्तोष दिया हो, ऐसा भी नहीं दिखाई देता। मनुष्य अवचेतन रूप से अमरता पाने की आकांक्षा करता है—एक ऐसी चीज़ की आकांक्षा जो इस ज़िन्दगी के 'पीछे' है, किन्तु विज्ञान उसके इन स्वप्नों को क्रूरता से कुचल देता है। इसके अभाव में वह सांत्वना पाने की कोशिश करता है—तरह-तरह की नशीली चीज़ों में, व्यसनों में, पूर्वी देशों के धर्मों में।

समृद्धि और विकास की सबसे ऊँची मंज़िल पर पहुँचकर जब आदमी को कोई रास्ता नहीं सूझता, तो वह सहसा आतंकित हो जाता है—यही कारण है कि आज फ्रांज काफ़्का उसका मसीहा बन गया है—एक भीरु और रुग्ण आदमी जो हमेशा दुनिया और ज़िन्दगी से डरता रहा। बेशक, इस आतंक के विरुद्ध संघर्ष किया जा सकता है—उसी तरह, जैसे एक ज़माने में उस हास्यास्पद योद्धा—डान कुइक्ज़ोट ने बिना कोई झिझक और शर्म महसूस किये, पूरी निडरता के साथ संघर्ष किया था। काश, इस तरह के योद्धा हमारे ज़माने में हो सकते!

जहाँ तक तकनीकी युग की विशेषताओं का प्रश्न है, वे आज हमारे देश में बहुत-कुछ वैसी ही हैं, जैसी पश्चिमी यूरोप में, किन्तु आदमी के 'अजनबीपन' पर तकनीकी सभ्यता का प्रभाव गौण रूप में ही देखा जा सकता है। एक ज़माने में हमारे देश में कहा जाता था कि समाजवाद में बिलकुल एक नये क़िस्म के आदमी का विकास होगा जिसकी अपनी निजी ख़ास विशेषताएँ होंगी—एक तरह का अतिमानव। इस विषय में हमारा मोह-मंग बहुत साफ़ तरीक़े से हुआ है। विभिन्न सामाजिक व्यवस्थाओं के बावजूद लोग हर जगह कमोबेश एक जैसे ही होते हैं—और आज भी हम उनके बारे में बहुत कम जानते हैं। कम जानते हैं—यह मेरे विचार में साहित्य और कला का सबसे बड़ा सौभाग्य है।

**प्रश्न :** लेखक की रचना-प्रक्रिया में क्या किसी प्रकार की 'प्रतिबद्धता' अनिवार्य है? आप रॉब्ब ग्रिये के इस विचार से कहाँ तक सहमत हैं कि लेखक एक नागरिक की हैसियत से प्रतिबद्ध हो सकता है, लेकिन यह ज़रूरी नहीं कि एक कलाकार की हैसियत से भी अपने को प्रतिबद्ध महसूस करे? कभी-कभी ऐसा भी होता है कि कुछ लेखक अपने को विशेष प्रश्नों पर (जैसे वियतनाम का युद्ध) प्रतिबद्ध पाते हैं, किन्तु कुछ दूसरे प्रश्नों के बारे में—उदाहरणत: सोवियत लेखकों—डेनियल और

सिन्यावस्की—पर होने वाले मुक़दमे के बारे में चुप रहते हैं। यह कहाँ तक संगत है?

**इवान क्लीमा :** मैं समझता हूँ कि कलाकार की प्रतिबद्धता के प्रश्न का उत्तर महज़ 'हाँ' और 'नहीं' में नहीं दिया जा सकता। अनेक प्रकार की प्रतिबद्धता होती है, जैसे अनेक प्रकार के लेखक होते हैं। ज़ाहिर है, आपका प्रश्न कलाकार की राजनीतिक प्रतिबद्धता के बारे में है। साहित्य के इतिहास में अनेक ऐसे सुविख्यात लेखकों के उदाहरण मिल जाएँगे जो राजनीतिक जीवन से बिलकुल अलग रहे हैं—और ऐसे लेखकों की भी कमी नहीं रही जिन्होंने सक्रिय रूप से राजनीति में भाग लिया है। व्यक्तिगत रूप से ऐसी रचनाएँ मेरे अधिक निकट रही हैं, जिनमें समकालीन मानवीयता के ज्वलन्त प्रश्नों को उठाया गया है। भूख से मरते हुए देशों की तरफ़ से आँखें मूँद लेना सम्भव नहीं है। असीमित सत्ता से जो घातक ख़तरा उत्पन्न होता है, उसके प्रति भी उदासीन होना सम्भव नहीं है। दुनिया के किसी हिस्से में जब मनुष्य के मूल अधिकारों पर आघात होता है, तो ख़ामोश रहना सम्भव नहीं है। ऐसे कलाकार हैं जो अपनी प्रतिक्रिया अपनी रचनाओं द्वारा प्रकट करते हैं—ऐसे भी कलाकार हैं जो अपना विरोध प्रदर्शनों में भाग लेकर अथवा घोषणापत्रों द्वारा प्रकट करते हैं। कुछ कलाकार हैं, जो ख़ामोश रहते हैं—और ज़रूरी नहीं कि यह ख़ामोशी आलस्य, उदासीनता अथवा मानसिक ऊहापोह की निशानी हो। ख़ामोशी भी अपने में विरोध का माध्यम हो सकती है—या कभी-कभी गहन अन्त:पीड़ा का प्रतीक।

**इवान विस्कोचिल :** मेरे विचार में प्रत्येक सृजनशील व्यक्ति ऐसा व्यक्ति है जो प्रतिबद्ध है और प्रतिबद्ध से अधिक (क्योंकि प्रतिबद्धता से कुछ ऐसी ध्वनि आती है कि किसी दूसरे ने उसे बाँध रखा है) वह एक ऐसी दुनिया से जकड़ा है, जिसमें वह जीता है और उस दुनिया

के प्रति अपना सहदायित्व महसूस करता है। वह सत्य को खोजता है और उसका अनुसरण करता है और अपनी और दूसरों की स्वाधीनता और आत्मसम्मान के प्रति सतर्क है, क्योंकि अपने स्वभाव से ही वह 'सहमानव' है। किन्तु जहाँ तक लेखक की रचनाओं में ठोस घटनाओं के प्रभाव या प्रत्यक्ष चित्रण का प्रश्न है (वियतनाम का युद्ध आदि), इसमें महत्त्वपूर्ण चीज़ है जानना और देखना। सम्भव है, अनेक लेखक जो अपनी सचाई और विश्वसनीयता को सुरक्षित रखना चाहते हैं, इन ठोस घटनाओं का चित्रण करने में अपने को असमर्थ पाएँ। समर्थ केवल ऐसे पत्रकार-लेखक हो सकते हैं जो इन घटनाओं को आत्मीय, निजी 'थीम' दे सकें। दूसरी तरफ़ ऐसे लेखक हैं जो अपनी 'आन्तरिक थीम' के आधार पर ही सृजन कर सकते हैं। राजनीतिक और सामाजिक द्वंद्वों की प्रतिक्रिया उनकी कृतियों में प्रकट न होकर सम्भवत: केवल चित्रात्मक अथवा प्रतीकात्मक रूप में ही सामने आएगी। और यह भी सम्भव है कि इस तरह की प्रतिक्रियाएँ उनकी 'थीम' का महज़ आयाम और सन्दर्भ हों जो लेखक की 'थीम' को इन द्वंद्वों के व्यापक, दार्शनिक प्रश्नों से जोड़ सकें। मेरे विचार में रॉब्ब ग्रिये ने सार्त्र को जो उत्तर दिया था, उसका आशय शायद यही था।

**यारोस्लाव पुतीक :** कला हमेशा से प्रतिबद्ध कार्यवाही का परिणाम रही है। अप्रतिबद्ध कलाकार अपने में ही विरोधाभास है एक गोल क्यूब की तरह। यह बात उस कला पर भी लागू होती है जो महज़ 'क्रीड़ा' है। मुझे पूरा विश्वास है कि समकालीन युग में कला का महत्त्व दिन-पर-दिन बढ़ता जाएगा, क्योंकि मानव जाति के आत्म-संरक्षण में उसका गहरा योग है जिसकी उपेक्षा नहीं की जा सकती। यद्यपि 'नव-उपन्यास' के विवेचक यह कहते हैं कि आधुनिक कला में मनुष्य के 'आलोक-मंडल' और उसके ऊँचे सिंहासन को नष्ट कर दिया जाएगा, स्वयं इन विवेचकों का व्यवहार उनके इस सिद्धान्त को पुष्ट नहीं करता और उनके

'नव-उपन्यास' में तो कहीं इसका लक्षण दिखाई नहीं देता। कला हमेशा से मानव-केन्द्रित रही है, और भविष्य में भी रहेगी। इस दृष्टि से वह विज्ञान से अलग है। अलग ही नहीं, बल्कि प्रत्यक्ष रूप से उसके प्रतिकूल। सम्भव है, धार्मिक आस्था के सूख जाने के कारण आज सिर्फ़ कला ही एक ऐसी चीज़ बची रह गई है जो मनुष्य की प्यास बुझा सकती है।

रॉब्ब ग्रिये का कथन हर जगह लागू नहीं होता। दोस्तोएव्स्की अपनी नागरिक प्रतिबद्धता के अनुसार 'स्लावोफिल' (स्लाव जातीयता के प्रभुत्व के समर्थक) और ज़ार-सत्ता के दुहाईदाता थे, किन्तु उनका कृतित्व ख़ुद उनसे कहीं अधिक मानवीय और प्रगतिशील था। मैं ऐसे लेखकों को भी जानता हूँ जिन्हें कोई नहीं पढ़ता, किन्तु जो एक कॉन्फ्रेंस से दूसरे कॉन्फ्रेंस के चक्कर लगाते रहते हैं और घोषणा-पत्रों पर हस्ताक्षर करते हैं—मुझे इसमें कोई ख़ास फ़ायदा नज़र नहीं आता। बेशक, ऐसी स्थितियाँ पैदा हो सकती हैं, जब एक ऐसे लेखक को, जो राजनीति के प्रति उदासीन है, घोषणा-पत्रों पर अपने हस्ताक्षर देने की ज़रूरत महसूस हो, या स्वयं घोषणा-पत्र लिखने के लिए वह आन्तरिक विवशता महसूस करे। प्रतिबद्धता का प्रश्न हर देश की ठोस परिस्थितियों पर निर्भर करता है—फ्रांस में जो उसका अर्थ लिया जाता है, वह हमारे देश चेकोस्लोवाकिया से अलग है—और चीन में शायद उसका बिलकुल अलग अर्थ है।

रूसी लेखकों—डेनियल और सिन्यावस्की के केस के बारे में दुर्भाग्यवश मुझे पर्याप्त सूचना प्राप्त नहीं जिसके आधार पर मैं एक निश्चित निष्कर्ष पर पहुँच सकूँ। जो भी हो—उसे महज़ लेखकों का मामला समझना ग़लत होगा, मानो स्वतंत्रता जैसे प्रश्न केवल कलाकारों से ही सम्बन्ध रखते हैं। इस प्रश्न पर बहुत व्यापक दृष्टि से विचार करना होगा, क्योंकि उसका सम्बन्ध लेखक से उतना ही है जितना ट्राम के कंडक्टर से—या उससे (कंडक्टर से) कुछ ज़्यादा ही।

**लादीस्लाव फुक्स :** नागरिक अगर चाहे तो अपनी इच्छा से अप्रतिबद्ध रह सकता है, किन्तु लेखक हमेशा ही अपने को 'प्रतिबद्ध' पाता है—वह चाहे या न चाहे—इससे कोई अन्तर नहीं पड़ता। लिखते हुए वह अपने विचारों को व्यक्त करता है, कुछ चीज़ों को नकारता है और कुछ चीज़ों को चाहता है—उस कृतित्व में गोपनीय रूप से कुछ विशेष आकांक्षाएँ और लक्ष्य छिपे रहते हैं, वह किसी 'ख़ास उद्देश्य' के लिए लिखता है—ये सब उसकी प्रतिबद्धता के चिह्न हैं।

लेखक उन सब चीज़ों के लिए प्रतिबद्ध है जो किसी-न-किसी ढंग से जनता के उपभोग में आती हैं—सर्वप्रथम, अपने देश में और दुनिया के हर हिस्से में मानव-जाति और मानवीयता के अधिकारों और दावों का समर्थन करने के लिए। वह सब कुछ जो आदमी को चोट पहुँचाता है—क्रूर सत्ता, हिंसा, उसकी स्वस्थ स्वतंत्रता को पंगु बनाने या उसे स्वतंत्रता से वंचित करने की चेष्टाएँ ख़राब और अमानवीय हैं। हम मध्ययुगीन मंगोलिया में नहीं, बीसवीं शताब्दी के उत्तर-चरण की सभ्य दुनिया में जी रहे हैं। जहाँ कहीं इनसान हिंसा और ज़ुल्म से पीड़ित हैं और जिस समाज या व्यवस्था में यह हिंसा और ज़ुल्म किये जाते हैं या ऐसी व्यवस्था जो इन ज़ुल्मों को होने देती है—मेरी दृष्टि में ख़राब है। इसमें किसी को ग़लतफ़हमी नहीं होनी चाहिए कि ऐसी समाज-व्यवस्था को कभी-न-कभी इतिहास के कठघरे में खड़ा होना पड़ेगा। यह भी सम्भव है कि मुँह से मानवीयता के आदर्शों को बखाना जाए जबकि हाथ ज़ुल्मों और अन्याय से रँगे हों। लोग इस तरह के ढोंग को बहुत जल्दी पहचान जाते हैं। सोवियत लेखकों पर चलने वाले मुक़दमे के बारे में मेरा दृष्टिकोण? ऐसे मामलों में मेरे हाथ हमेशा साफ़ रहे हैं—और रहेंगे—साफ़ दिल और साफ़ मस्तिष्क। अन्याय अथवा ग़लतियों के साथ समझौता करके मैं कभी अपने हाथ गन्दे नहीं करूँगा। मैं सोचता हूँ कि उन लोगों को अधिक विचारवान और मानवीय होना

पड़ेगा जो दूसरों की ज़िन्दगी के बारे में फ़ैसला करते हैं। हमारे देश में अनेक ऐसे लोग मौजूद हैं। जिन देशों में वे नहीं हैं, उन्हें हमारे आदर या सम्मान की अपेक्षा नहीं रखनी चाहिए। मुक़दमे के प्रति मेरा दृष्टिकोण बिलकुल वही है जो चेकोस्लोवाक लेखक-संघ का।[1] वह एक ऐसी संस्था है जिसे इस सभ्य दुनिया में सांस्कृतिक संस्था का सम्मान प्राप्त है—एक ऐसी संस्था, जो बीसवीं शती के वयस्क लोगों के विचारों के प्रति अपना दायित्व पूरा करती है।

**प्रश्न :** क्या समाजवादी देशों में विभिन्न विचारधाराओं का सह-अस्तित्व सम्भव है—ऐसी विचारधाराएँ, जो मार्क्सवाद से भिन्न हैं?

**इवान क्लीमा :** सह-अस्तित्व मानवीयता के भविष्य का मूल आधार है। आज के युग में कट्टरता, संकीर्णता और सहिष्णुता का हर विस्फोटन पिछले किसी युग से कहीं ज़्यादा ख़तरनाक साबित हो सकता है। कहना न होगा, यह सत्य कला पर उतना ही लागू होता है, जितना किसी और चीज़ पर। ऐसी कट्टरता, जो एक शैली या विचारधारा के नाम पर अन्य समस्त शैलियों और विचारधाराओं को नष्ट कर देना चाहती है, वास्तव में स्वयं कला और संस्कृति को नष्ट कर देगी और अन्ततोगत्वा उस नींव पर भी कुठाराघात करेगी जहाँ से वह स्वयं उत्पन्न हुई है।

**इवान विस्कोचिल :** मैं सोचता हूँ कि हर प्रकार की समाज-व्यवस्था में विभिन्न शैलियों और विचारधाराओं का सह-अस्तित्व आवश्यक और उपयोगी है। और बेशक समाजवादी व्यवस्था में भी—अगर समाजवाद से हमारा अभिप्राय एक ऐसी व्यवस्था है जिसमें मनुष्य स्वयं अपने 'निजत्व' की ओर लौटता है, यानी व्यक्ति और समाज की वास्तविक स्वतंत्रता की ओर।

---

1. चेकोस्लोवाक लेखक-संघ ने अपनी एक बैठक में सोवियत लेखकों पर होने वाले मुक़दमे का विरोध किया था।

**यारोस्लाव पुतीक :** चूँकि मैं विचार और संस्कृति की सम्पूर्ण स्वतंत्रता में विश्वास रखता हूँ, अत: मेरे लिए विभिन्न विचारधाराओं के सह-अस्तित्व को स्वीकार करना स्वाभाविक है। मुझे लगता है कि ज्यों-ज्यों हम इस आदर्श स्थिति की ओर अग्रसर होते जाएँगे (और यह हमेशा एक आदर्श ही रहेगा), हमें आशा से कहीं अधिक ऐक्य अपनी संस्कृति में दिखाई देगा। ज़िन्दगी में कभी-कभी विभिन्न विचार-दिशाओं का सूत्रपात सरकारी बन्धनों के वातावरण में भी होता है जब कलाकार सही या काल्पनिक रूप से अपने को बाहरी शक्तियों से घिरा पाता है। हमारे यहाँ पिछले वर्षों (स्तालिनवादी युग में) अमूर्त कला की जो नियति रही, वह मेरी बात को पुष्ट करती है। जिस समय अमूर्त कला की प्रदर्शनियों पर प्रतिबन्ध था, उस समय उसके (अमूर्त कला के) इर्द-गिर्द अनेक पंथों और पुजारियों का जमघट खड़ा हो गया था—हर क़िस्म के सांस्कृतिक परजीवी और स्नॉब और जोशीले समर्थक देखने को मिलते थे। किन्तु जब से अमूर्त कला की प्रदर्शनियाँ खुलेआम होने लगी हैं, भक्तों और पंथों की भीड़ घटने लगी, स्नॉब क़िस्म के लोग किसी दूसरे क्षेत्र में शिकार ढूँढ़ने निकल पड़े, जोश का ज्वार उतरने लगा और पहली बार अमूर्त कला की मान्यताओं का सही-सही मूल्यांकन शुरू हुआ और ज़िन्दगी पूर्ववत शान्त गति से आगे बढ़ने लगी। साहित्य में इस तरह का परिवर्तन अपेक्षाकृत अधिक मुश्किल है, कुछ और कारणों से नहीं तो टेक्निकल कारणों से—उदाहरणत: फ़ोनेटिक शैली में कवि की पुस्तकें छापना काफ़ी कठिन है—किन्तु इस क्षेत्र में भी स्थिति ख़ासी 'नॉर्मल' हो चुकी है और मुझे लगता है कि अनेक लेखक मन-ही-मन दोबारा ऐसी स्थिति की कामना करते हैं जब वे सीमित लोकप्रियता और शाश्वत अस्वीकार के वातावरण में जीवित रह सकें।

**प्रश्न :** कुछ चेक लेखकों की धारणा है कि विश्व-भाषा में न लिखने के कारण महान चेक लेखक दुनिया की आँखों में अज्ञात और अपरिचित रह गए हैं। क्या आपको चेक में लिखते हुए कभी ऐसा व्यवधान या 'हैंडीकैप' महसूस हुआ है?

**लादीस्लाव फुक्स :** नहीं, कभी नहीं।

**इवान क्लीमा :** यह सही है कि वे कलाकार, जो विश्व-भाषा में लिखते हैं, उन्हें अपेक्षाकृत आसानी से 'विश्वत्व' और यश प्राप्त हो जाता है। किन्तु मैं नहीं सोचता कि विश्वत्व और यश प्राप्त करना लेखक का लक्ष्य है, या होना चाहिए। हमें यह भी नहीं भूलना चाहिए कि आज के युग में यदि किसी कृति का थोड़ा-सा भी महत्त्व है तो वह दुनिया में अपना रास्ता ज़रूर बना लेती है—चाहे वह एक ऐसी भाषा में ही क्यों न लिखी गंधी हो जिसे बहुत कम लोग समझते-बोलते हैं।

**यारोस्लाव पुतीक :** चेक में लिखते हुए मैंने कभी कोई 'हैंडीकैप' महसूस नहीं किया। मैं मानता हूँ कि एक चेक लेखक की यह आशा बहुत कम रहती है कि वह कभी विश्वख्याति प्राप्त कर पाएगा—सच पूछा जाए तो हाशेक और चापेक के अलावा शायद ही कोई चेक लेखक 'विश्व लेखक' बन पाया हो—किन्तु उसे यह फ़ायदा ज़रूर रहता है कि वह पाठक के साथ एक आत्मीय और व्यक्तिगत रिश्ता बना सकता है। लाखों लोगों के लिए लिखना शायद आकर्षण की चीज़ हो, किन्तु मुझे लगता है कि उससे लेखक के भीतर दम घुटाने वाली अजनबीपन की भावना ज़रूर उत्पन्न हो जाती होगी। यों अगर मुझे पसन्द न भी हो, तो भी चेक में लिखना मेरी नियति है जिसे केवल स्वीकार किया जा सकता है।

**इवान विस्कोचिल :** कभी-कभी मुझे यह काफ़ी ख़ेदजनक बात लगती है कि चेक विश्व-भाषा नहीं है। ख़ेदजनक उतना उन चीज़ों के लिए

नहीं जो मैंने लिखी हैं, बल्कि उन कृतियों के लिए जो दूसरों ने लिखी हैं। मेरे विचार में हमारे यहाँ ऐसे लेखक हैं जिनका कृतित्व सचमुच आधुनिक साहित्य—विश्व के आधुनिक साहित्य के एक नितान्त नये बिन्दु को छूता है। अधिकांश ऐसे लेखक अज्ञात हैं, अथवा अज्ञात रहेंगे (यहाँ मेरा संकेत देमल, वाइनर, हलास इत्यादि लेखकों से है)। किन्तु इसमें कोई ख़ास आश्चर्यजनक बात नहीं है, क्योंकि ये लेखक स्वयं हमारे देश में आज तक लगभग अज्ञात रहे हैं।

**अन्तोनिन येलीनेक :** मैं तुम्हारे दिलचस्प प्रश्नों का उत्तर एक साथ इस पत्र में दे रहा हूँ—काफ़ी बिखरे ढंग से। एक आलोचक, साहित्यिक इतिहासकार और साहित्य शिक्षक (जो एक 'कुएक्ज़ोटिक' पेशा है) के नाते मुझे इन समस्याओं के कुछ पहलू जिस ढंग से दिखाई देते हैं, वे शायद एक सृजनशील लेखक को बिलकुल दूसरे ढंग से दिखाई देंगे। निस्सन्देह मैं अपने देश की सांस्कृतिक परम्परा की विशिष्टता को ग्रहण करना अपना कर्तव्य समझता हूँ—उसे एक ऐतिहासिक और समकालीन इकाई के रूप में देखने की चेष्टा करता हूँ। मुझे यह सुविधा प्राप्त नहीं है कि केवल अपनी दुनिया, अपने कृतित्व पर अपने को केन्द्रित करके यह प्रश्न दूसरों पर छोड़ दूँ कि परम्परा से उसका नाता किस सीमा तक जुड़ा हुआ है और किस सीमा तक टूटा हुआ। एक आलोचक के नाते मुझे यह ज़िम्मेदारी ख़ुद अपने पर ओढ़नी होगी। किन्तु मुझे लगता है कि यह प्रश्न अपने में हमारे यहाँ ज़्यादा महत्त्व नहीं रखता। ज़्यादा महत्त्व की चीज़ उन ठोस व्यंजनाओं और अर्थों से सम्बन्ध रखती है, जिनके सहारे मनुष्य हमारे समाज में जीता है और समकालीन दुनिया की सर्वसाधारण समस्याओं का सामना करता है। एक तरफ़ इन अर्थों को खोजना और दूसरी तरफ़ समकालीन समस्याओं से टक्कर लेना—इनके बीच एक ख़ास द्वंद्वात्मक सम्बन्ध है, जिसकी पेचीदगी को महज़ चन्द वाक्यों द्वारा निरूपित नहीं किया जा सकता। हमें इस प्रश्न का उत्तर देना होगा कि

टॉल्स्टॉय, प्रूस्त अथवा जॉयस का कृतित्व हमें क्यों आकर्षित करता है, जबकि एक ने रूसी इतिहास और ज़मीदारों की प्रेम-अनुभूतियों के बारे में लिखा है, दूसरे ने फ्रांस के महज़ एक छोटे-से वर्ग का विश्लेषण किया है और तीसरे ने डबलिन शहर के चन्द इने-गिने लोगों के अनुभवों तक ही अपने को सीमित रखना काफ़ी समझा है?

सिर्फ़ दस वर्ष पहले हमने 'अजनबीपन' की समस्या पर सोचना-विचारना आरम्भ किया था। इससे पहले यह समस्या इस भ्रांतिमूलक आस्था के नीचे दब गई थी कि व्यक्ति और समाज का सन्तुलित विकास सीधे-सपाट रास्ते पर किया जा सकता है। पिछले वर्षों में इस समस्या के प्रति गहरी रुचि प्रदर्शित की गई है—एक बौद्धिक फ़ैशन की सीमा तक स्तालिन-युग की प्रतिक्रिया ने इस रुचि को अधिक गहरा बनाया है। 'अजनबीपन' की परिभाषा तुम्हें कोई भी दार्शनिक आसानी से दे सकता है। मैं ख़ुद यह महसूस करता हूँ कि जबकि पश्चिमी व्यवस्थाओं में उत्पादन-साधनों पर वैयक्तिक नियंत्रण मनुष्य के मानवीय गौरव को दूषित करता है, हमारे देश में समस्या बिलकुल दूसरी है। जिस व्यवस्था में हम रहते हैं, उसमें मनुष्य का 'मनुष्यत्व' इस बात पर निर्भर करता है कि किस हद तक हम व्यक्ति और इंस्टीट्यूशन, व्यक्ति के हितों और समूह के हितों के बीच उठने वाली समस्याओं को सुलझा सकते हैं। यह एक संश्लिष्ट प्रक्रिया है जिसका विकास गत्यात्मक (डायनेमिक) ढंग से होता है। हमारे समाज में बेचैनी और तनाव का सूत्रपात भी यहीं से होता है। यह तनाव कमोबेश 'अन्दरूनी' है; तकनीकी जीवन का प्रभाव—फ़िलहाल—उस पर ज़्यादा नहीं है। यह सही है कि संस्कृति के व्यापक प्रचार-साधनों ने हमारे देश में भी मनुष्य के जीवन और उसके जीने के ढंग को बहुत तेज़ी से बदला है। ये प्रचार-साधन (टेलीविज़न, सचित्र 'लोकप्रिय' पत्र इत्यादि) मनुष्य के मानस में वैसा ही जड़ीभूत प्रभाव उत्पन्न करते हैं, जैसा आधुनिक कल-कारख़ानों में शारीरिक श्रम—

दोनों ही अपने-अपने ढंग से सृजनात्मक क्रिया को महज़ एक यांत्रिक हरकत में बदल देते हैं। इस सन्दर्भ में चैपलिन की फ़िल्म 'मॉडर्न टाइम्स' अपनी ट्रेजेडी में अविस्मरणीय रहेगी। किन्तु यहाँ एक महत्त्वपूर्ण प्रश्न उठता है : क्या तकनीकी समाज-व्यवस्था के प्रचार-साधन मनुष्य के जीवन को सिर्फ़ संकुचित और यांत्रिक बना सकते हैं? क्या यह अनिवार्य है? क्या मनुष्य का जीवन उनकी सहायता से समृद्ध नहीं बन सकता? मैं मानता हूँ कि आधुनिक जीवन का मशीनीकरण भयानक हो सकता है—एक बार इटली के बाज़ार में 'इलेक्ट्रिक टुथ ब्रुश' को देखकर मैं आतंकित रह गया। ज़रा सोचो—अब आदमी इस क़ाबिल भी नहीं रह गया कि दिन में दो बार वह अपने मुँह में अपने ही हाथ की हरकत महसूस कर सके। किन्तु कम-से-कम संस्कृति के क्षेत्र में मुझे अपने यहाँ एक बात आश्वस्त करती है—यहाँ संस्कृति के व्यापारीकरण (कॉमर्शियलाइज़ेशन) का कोई ख़तरा नहीं है। किसी के पास इतनी ताक़त नहीं है कि वह संस्कृति को व्यापार और मुनाफ़े का साधन बना सके। हमारे यहाँ बाज़ारू संस्कृति का अस्तित्व नहीं है। प्रकाशन-गृहों को जासूसी किताबों पर जो घाटा उठाना पड़ता है, उसकी क्षति-पूर्ति वे कविता पुस्तकों से प्राप्त होने वाली आमदनी से कर लेते हैं—क्योंकि वे जासूसी उपन्यासों की अपेक्षा कहीं अधिक संख्या में बिकती हैं। मैं तुम्हारे सामने कोई आदर्श तसवीर पेश नहीं करना चाहता—कई समस्याओं के बारे में अक्सर हमने बातचीत की है—किन्तु तुमने मुख्य रुझान के बारे में सवाल पूछा था और उसमें मैं निराशावादी नहीं हूँ।

अगर रॉब्ब ग्रिये ने लेखक और नागरिक के सम्बन्ध को इतने विरोधात्मक ढंग से पेश किया है—जैसा तुम्हारे प्रश्न से जान पड़ता है—तो मैं उसे सही या संगत नहीं मानता। लेखक का व्यक्तित्व इतने साफ़ और सरल तरीक़े से आत्म-खंडित नहीं होता। आदमी का वह पहलू जो किसी चीज़ के विरुद्ध आवाज़ उठाता है, और दूसरा पहलू जो हाथ में क़लम

पकड़कर लिखता है—इन दोनों में कहीं-न-कहीं सम्बन्ध ज़रूर रहता है। बेशक मैं मानता हूँ कि मेरी राजनीतिक धारणाएँ प्रत्यक्ष रूप से मेरे लेखन में दाख़िल नहीं होतीं, किन्तु हर चीज़, जिसके लिए या जिसके विरुद्ध मैं एक नागरिक की हैसियत से प्रतिबद्ध हूँ, वह समकालीन मनुष्य के अस्तित्व, उसकी सम्भावनाओं, परिप्रेक्ष्यों, ख़तरों इत्यादि का भी अभिन्न भाग है। कोई भी लेखक, जो आज कोई महत्त्वपूर्ण बात कहना चाहता है, अपने को उनसे अछूता नहीं रख सकता।

और अन्त में तुम्हारे अन्तिम दो प्रश्नों के बारे में; मैं समझता हूँ कि समाजवादी व्यवस्था में विभिन्न वैचारिक और कलात्मक धाराओं का होना अनिवार्य है—इसके बिना संस्कृति का विकास हो सकता है, मुझे सन्देह है। जिस 'हैंडीकैप' की चर्चा तुमने की है, मैं समझता, हूँ हर छोटे देश के साहित्य को इस समस्या का सामना करना पड़ता है। मैं ख़ुद कितने ही देशों के साहित्य के बारे में जानना चाहता हूँ, किन्तु विश्व-भाषा में न होने के कारण मैं उनका रसास्वादन नहीं कर सकता। इस दिशा में तकनीकी समाज के आधुनिक साधन बहुत मददगार हो सकते हैं—ख़ास कर ऐसे अनुवादक, जो समझदार भी हों और शिक्षा-सम्पन्न भी। तुम्हें नहीं लगता कि मेरा उत्तर ज़रूरत से ज़्यादा लम्बा हो गया है, जबकि ज़िन्दगी ज़रूरत से ज़्यादा छोटी है? ज़्यादा बेहतर यही होगा कि मैं तुम्हें अपने साथ पीने के लिए कहीं बुला सकूँ!

# रॉब्ब ग्रिये के साथ : एक शाम

•

प्राग का वह हॉल काफ़ी छोटा था, लेकिन टिकटघर के आगे (भाषण सुनने के लिए भी यहाँ टिकट ख़रीदने पड़ते हैं, यदि वक्ता बहुत लोकप्रिय हो) एक घंटा पहले से भीड़ जमा हो गई थी। अधिकांश लेखक और विश्वविद्यालय के छात्र थे—लेकिन सिर्फ़ वे ही नहीं थे। कोने में एक बूढ़ी महिला खड़ी थीं, जिनके हाथ में उस लेखक की दो किताबें थीं, जिनकी हम सब प्रतीक्षा कर रहे थे। बाद में बहुत-से लड़के-लड़कियों के हाथों में वे किताबें दिखाई दीं—'जैलेसी' और 'रबर'—जिनका अनुवाद चेक में हो चुका है। वे हस्ताक्षर लेने की प्रतीक्षा कर रहे थे। यह अनुमान लगाना कठिन था कि किस हद तक सबकी दिलचस्पी फ्रांस के 'नव-उपन्यास' में है और किस हद तक उस व्यक्ति को देखने में, जो आज यूरोप में उतने ही सनसनीखेज़ और विवादास्पद बन गए हैं जितने किसी समय प्रथम युद्ध के बाद सुर्रियलिस्ट लेखक थे।

शायद यह स्वाभाविक भी है। कवि के क्षेत्र में सुर्रियलिज़्म जितना बड़ा क्रान्तिकारी आन्दोलन था, 'नव -उपन्यास' सम्भवत: उतना महत्त्वपूर्ण और आकर्षक नहीं है, किन्तु गद्य की स्वीकृत मर्यादाओं को तोड़ने में जितना उसका हाथ रहा है, उतना शायद किसी अन्य साहित्यिक धारा का नहीं। आज भी हम इसके परिणामों से ठीक-ठीक अवगत नहीं हैं। अपनी अनिवार्य तर्कसंगत नियति पर पहुँचकर यह 'आन्दोलन' कितना क्रान्तिकारी हो सकता है, हम इस तथ्य से भी पूरी तरह अवगत नहीं हैं।

लेकिन इस अज्ञान के बावजूद वह एक 'लोकप्रिय' आन्दोलन है, इसका अनुमान उस शाम प्राग की उस भीड़ को देखकर लगाया जा सकता था। यों भी अपने में यह एक दुहरा चमत्कार था—रॉब्ब ग्रिये को देखना और वह भी एक समाजवादी देश की राजधानी में—दस वर्ष पहले इसकी कल्पना भी—दूभर जान पड़ती।

कुछ देर बाद जब वे आए, समूचे हॉल में एक घनी निस्तब्धता छा गई थी। वह तनिक झेंप-से गए (रॉब्ब ग्रिये एक स्कूली बच्चे की तरह झेंप सकते हैं)। पहले क्षण लगा, मानो वह स्वयं इस गम्भीर निस्तब्धता के लिए तैयार न हों...शायद उसे हल्का करने के लिए ही वह मुस्कराए और यह मुस्कराहट उनका पहला परिचय थी। उन्होंने अपनी दुभाषिया—जो एक अधेड़ चेक महिला थीं—को कुर्सी पर बैठने के लिए कहा, किन्तु वह उस समय तक बैठने के लिए तैयार नहीं थीं जब तक रॉब्ब ग्रिये स्वयं न बैठ जाएँ। कुछ देर तक वे दोनों झगड़ते रहे...रॉब्ब ग्रिये आख़िर तक अपनी ज़िद पर अड़े रहे और हँसी की गूँज के साथ बेचारी महिला को पहले बैठना पड़ा। रॉब्ब ग्रिये कैसे लेखक हैं, इसके बारे में मतभेद हो सकता है, किन्तु वह फ्रांसीसी हैं, इसके बारे में पहले चन्द मिनटों में ही किसी को सन्देह नहीं रहा। वैसे भी उन्हें पहचानना कठिन नहीं था—लम्बी इकहरी देह, भूरी बड़ी आँखें, घने बाल और कटी-छटी मूँछें—जो उनकी मुस्कराहट को एक साथ व्यंग्यात्मक और

चमकीला बना देती थीं। पहली दृष्टि में ऊपर से नीचे तक वह एक अभिजात टूरिस्ट दिखाई देते थे—एक ऐसे टूरिस्ट जो किसी होटल के टैरेस पर बैठकर नीचे सड़क पर चलने वाले 'नेटिव' लोगों को एक रहस्यमय मुस्कराहट के साथ देखते रहते हैं...।

उस शाम रॉब्ब ग्रिये एक घंटा तक बराबर बोलते रहे—पूरे आत्मविश्वास के साथ। बोलते समय उनकी झेंप एकदम ग़ायब हो गई थी और अब वह एक निर्भीक, स्पष्ट चिन्तन वाले...कुछ-कुछ हठीले आलोचक दिखाई देते थे, जिन्हें अपने सिद्धान्तों पर तनिक मात्र शंका नहीं थी। उनके स्वर से जान पड़ता था, मानो वे बराबर किसी अदृश्य विरोधी से बहस कर रहे हों—तीव्र रूप से—लेकिन एक बहुत आकर्षक गरिमा के साथ—जिसमें पूर्वग्रह थे, लेकिन पूर्वग्रहों का अक्खड़पन नहीं था, न ही उबा देने वाला बोझिलपन था जो अक्सर ऐसी बहसों पर खुरंड की तरह चिपक जाता है। यदि उनके व्यक्तित्व को एक शब्द में निचोड़ा जा सके तो अंग्रेज़ी शब्द 'ग्रेसफुल' के अलावा मुझे कोई दूसरा शब्द नहीं सूझता...।

उनके इस 'ग्रेस' या सहज विश्वास पर यदि कभी सलवटें दिखाई दीं, तो सिर्फ़ एक बार, जब वे एक प्रश्न का उत्तर देते हुए सार्त्र की आलोचना का उल्लेख कर रहे थे। उस समय वह काफ़ी उत्तेजित हो आए थे—चेहरा हल्का-सा तमतमा गया था और मुझे यह सब काफ़ी अच्छा लगा क्योंकि उस क्षण पहली बार एक सिद्धान्तवादी आलोचक के खोल से उनके उपन्यासकार का चेहरा बाहर झाँका था—आत्मीय, ज़िद्दी और कुछ-कुछ खोया-सा—मानो सार्त्र और उनके बीच कोई बहुत पुरानी बहस हो जिसका सिरा वह उस शाम प्राग में दुबारा पकड़ने की कोशिश कर रहे हों।

लेकिन सार्त्र और उनकी लड़ाई के बारे में बाद में।

यहाँ रॉब्ब ग्रिये के भाषण की अक्षरशः रिपोर्ट देना असम्भव होगा—कदाचित अनावश्यक भी। केवल कुछ दिलचस्प और महत्त्वपूर्ण हिस्से चुने जा सकते हैं, जो सम्भवतः उनके आग्रहों पर कुछ रोशनी डाल सकें।

भाषण के बाद उनसे अनेक प्रश्न पूछे गए...मैं उनके उत्तरों को अलग से न देकर मूल पाठ में ही शामिल कर रहा हूँ।

"नये उपन्यास में 'नया' कुछ नहीं है," रॉब्ब ग्रिये ने हल्के मज़ाक़ से अपना भाषण शुरू किया। "दोस्तोएव्स्की और फ्लॉबेयर ने भी 'नये' उपन्यास लिखे थे—अपने समय के लिए। इसीलिए मुझे यह बात काफ़ी अजीब लगती है कि एक ओर सोवियत संघ के समाजवादी आलोचक और दूसरी ओर फ्रांस के बुर्ज़ुआ साहित्यकार निन्दात्मक स्वर में हमारे उपन्यासों को 'रूपवादी' कहते हैं। किन्तु 'रूपवादी' किस अर्थ में? हर महत्त्वपूर्ण लेखक जिस विधा में काम करता है—चाहे वह उपन्यास हो या कविता या ड्रामा—उसके रूप या फ़ॉर्म को बदलता है। महत्त्वपूर्ण परिवर्तन हमेशा रूप में होता है, कंटेंट या विषयवस्तु में नहीं। अगर ईमानदारी से देखें तो प्राचीन साहित्य से लेकर अधुनातन कृतियों की विषयवस्तु एक दायरे में सीमित है, जबकि उनके रूप हर महान लेखक ने अपने तरीक़े, अन्दाज़ और अनुभव के आधार पर बदले हैं, तोड़े-मरोड़े हैं, विकसित किये हैं। यह अलग बात है कि उन नये रूपों को शुरू-शुरू में समझा न जाए या उन्हें अस्वीकृत कर दिया जाए। लेकिन यह असमझ और अस्वीकृति ज़्यादा देर तक क़ायम नहीं रहती। फ्लॉबेयर ने उपन्यास को जो एकदम नया रूप दिया था, उसका उनके समय में तीव्र विरोध किया गया...लेकिन आज साधारण पाठकों को फ्लॉबेयर को समझने में कोई परेशानी महसूस नहीं होती। पचास वर्ष बाद शायद आलोचकों को मेरे उपन्यास भी बहुत 'सरल' जान पड़ेंगे जबकि वे अपने समकालीन लेखकों की कृतियों को 'दुरूह' या 'रूपवादी' मानेंगे। जिस तरह मेरे समकालीन आलोचक मुझे यह उपदेश देते हैं कि मुझे फ्लॉबेयर की तरह लिखना चाहिए, पचास वर्ष बाद शायद अन्य आलोचक अपने समकालीन लेखकों को यह राय देंगे कि उन्हें अपने उपन्यास रॉब्ब ग्रिये की तरह लिखने चाहिए।"

"किस दृष्टि से 'नया उपन्यास' परम्परागत उपन्यास से भिन्न है?"

"उन्नीसवीं शती के उपन्यासों में—उदाहरणत: बाल्ज़ाक के उपन्यासों में—हर पात्र का अपना अतीत है, वर्तमान है और भविष्य में जो होने वाला है, उसके सूत्र और संकेत भी देखे जा सकते हैं। इन उपन्यासों में समस्त स्थितियाँ अन्तिम और सम्पूर्ण रूप से एक साँचे में ढली हुई हैं...उन्हें एक निश्चित समय और निश्चित दिशा के परिवेश में देखा जा सकता है। ये स्थितियाँ एक विशेष बिन्दु से शुरू होकर दूसरे विशेष बिन्दु पर जाकर ख़त्म हो जाती हैं। हर पात्र की अपनी एक ख़ास नियति है, जो एक चुम्बक पत्थर की तरह उसे अपनी ओर खींचती रहती है। उसके अपने सम्बन्ध हैं और उसकी जीवन-यात्रा इन सम्बन्धों के बीच—कभी उनके साथ और कभी उनके विरोध में—अनवरत चलती है। नये उपन्यास ने पहली बार बाल्ज़ाक के इन क्लासिक नियमों को अस्वीकारा है—अपने को समय और दिशा की निश्चित, लौहवत् मर्यादाओं से मुक्त किया है। हमारे उपन्यासों के पात्र अपने अतीत या भविष्य के बारे में कुछ भी नहीं जानते—थोड़ा-बहुत जो कुछ जानते भी हैं, वह इतने डाँवाँडोल और सन्दिग्ध ढंग से कि उसका 'जानना' उन्हें अपने वर्तमान के लिए अभिशाप-सा जान पड़ता है ('हिरोशिमा मोनामूर' की नायिका का अपने अतीत के बारे में जानना कुछ इसी तरह का 'जानना' है)। हर पात्र की नियति अज्ञात है या दूसरे शब्दों में वह स्वयं उपन्यास की प्रक्रिया में अपनी नियति को खोजता है। पाठक या ख़ुद लेखक के पास कोई ऐसी बनी-बनाई कुंजी नहीं, जिसके द्वारा वह उसकी नियति का पता चला सके।"

इस सन्दर्भ में रॉब्ब ग्रिये ने काफ़्का के उपन्यासों का उल्लेख किया जो उनकी दृष्टि में नये उपन्यास की सम्भावनाओं और चेष्टाओं को आलोकित करते हैं। " 'कासल' के नायक के पारिवारिक सम्बन्धों, माता-पिता, मित्रों और प्रेमिका इत्यादि के बारे में हमें कुछ भी नहीं मालूम—आख़िर तक पता नहीं चलता कि वह कहाँ से उस गाँव में आया है,

किसने उसे वहाँ भेजा है और किस नियति की खोज में है। पात्रों और स्थितियों का 'निर्माण'—यदि उसे निर्माण कहा जा सके—किसी बाह्य एजेंसी के द्वारा नहीं किया गया है—वे उपन्यास की प्रगति के साथ जुड़ी हैं और उपन्यास में ही उनका आरम्भ, विकास और अन्त होता है। नये उपन्यास की यह उल्लेखनीय विशेषता है कि उसमें पात्र और स्थितियाँ 'ढले-ढलाए' रूप में नहीं आतीं, वे 'तैयार माल' नहीं हैं—अपना सृजन वे स्वयं करती हैं। यही कारण है कि नये उपन्यास में समय की कोई सीमा नहीं—या दूसरे शब्दों में, वह 'शाश्वत वर्तमान' में जीवित है। वह कहीं से शुरू नहीं होता और कहीं अन्त नहीं होता, क्योंकि वर्तमान के अलावा उसके पास समय का कोई आयाम नहीं है।"

इस सन्दर्भ में रॉब्ब ग्रिये ने 'लास्ट इयर इन मरियनवाद' का भी उल्लेख किया। यह प्रयोगवादी फ़िल्म फ्रांस के 'न्यू वेव' स्कूल के प्रतिनिधि निर्देशक आले रेसने ने रॉब्ब ग्रिये के सिनीरियो के आधार पर बनाई थी।

"नई फ़िल्म की समस्या बहुत-कुछ वही है, जो नये उपन्यास की। हमने अपनी फ़िल्म 'लास्ट इयर इन मरियनवाद' में ऐसे दो पात्रों—नायक और नायिका—की रचना की थी जो एक काल्पनिक नगर में अपनी ज़िन्दगी गुज़ार रहे हैं। हमें उनके अतीत या नियति के बारे में कुछ भी नहीं मालूम था, हमें सिर्फ़ यह जानने में दिलचस्पी थी कि डेढ़ घंटे की फ़िल्म के दौरान वे क्या करते हैं, कैसे जीते हैं। उनका 'जीवन' फ़िल्म शुरू होने पर शुरू हुआ था और फ़िल्म ख़त्म होने पर ख़त्म हो गया था। नये उपन्यास की तरह उपर्युक्त फ़िल्म में भी नायक और नायिका चिरन्तन वर्तमान में जीवित थे और यह 'वर्तमान' निर्देशक या दर्शक का मानवीय समय नहीं था। यह फ़िल्म का समय था। फ़िल्म का वर्तमान था। अतीत से अनभिज्ञ और भविष्य के प्रति तटस्थ। फ़िल्म देखने के बाद अक्सर लोग हमसे पूछते थे कि अन्त में उन दोनों का क्या हुआ? यह प्रश्न निरर्थक था, क्योंकि नायक और नायिका का सृजन फ़िल्म के

भीतर हुआ था और फ़िल्म के बाहर उनकी नियति या भविष्य के बारे में हमें कोई दिलचस्पी नहीं थी। इस दृष्टि से देखा जाए तो नायक और नायिका की स्थितियों के सृजन में दर्शक का उतना ही हाथ है, जितना कि निर्देशक का। प्राय: नई फ़िल्म या नये उपन्यास पर यह अभियोग लगाया जाता है कि वे जनता से बहुत दूर चले गए हैं। सत्य इसके बिलकुल विपरीत है। कला के क्षेत्र में पहली बार ऐसा हुआ है कि नया उपन्यास या नई फ़िल्म अपने पाठकों और दर्शकों से सबसे अधिक सहयोग की माँग करते हैं—महज़ रसास्वादन के लिए नहीं, बल्कि सृजन की समूची जीवन्त प्रक्रिया में।

"दरअसल जिसे आलोचक 'यथार्थ' की संज्ञा देते हैं, उसके प्रति हमारा दृष्टिकोण परम्परागत उन्यासकारों से बिलकुल अलग है। 'पुराने' उपन्यास में यथार्थ कमोबेश मात्रा में लेखक की 'कल्पना' या 'जीवन-दर्शन' या 'साहित्यिकता' द्वारा दूषित होता रहा है। सार्त्र और कामू जैसे लेखकों के उपन्यास भी दोष से मुक्त नहीं हैं। हम समझते हैं कि वस्तुगत (ऑब्जेक्टिव) यथार्थ का लेखक के अन्तर-जगत्, नैतिकता अथवा सौन्दर्यशास्त्र से कोई सम्बन्ध नहीं है। यथार्थ का 'मानवीकरण' करने की प्रक्रिया में लेखक उसे नक़ली और झूठा बना देता है, क्योंकि तब वह वैसा नहीं रहता, जैसा वह सचमुच में है—वह सिर्फ़ लेखक के आग्रहों की छाया बन जाता है—विकलांग, विकृत और कृत्रिम। परिणामस्वरूप पुराना उपन्यास (और इस 'पुराने' में केवल उन्नीसवीं शती के उपन्यास ही नहीं हैं, अनेक समकालीन लेखकों के भी उपन्यास शामिल हैं) यथार्थ का सिर्फ़ एक पहलू ही देख पाता था—लेखक का पहलू—और उसे विश्वव्यापी 'सत्य' के रूप में प्रस्तुत किया जाता था। यदि उसके इस 'सत्य' की प्रामाणिकता को कोई चुनौती देता था, तो लेखक बहुत आत्मतुष्ट भाव से यह कह सकता था—'मैंने जो देखा, वही लिखा है।' हमारा दृष्टिकोण इससे भिन्न है। हमारे लिए यथार्थ लेखक

से अलग है, बाहर और ठोस और अपनी जीवन-क्रिया से स्वयंचालित। इसीलिए हम उसे अनेक पहलुओं में देखते हैं और हर पहलू की अन्तहीन सम्भावनाएँ हैं और हर सम्भावना सन्दिग्ध है। हम पुराने उपन्यासकारों की तरह यह नहीं कहते कि 'यह चीज़ इस तरह घटी थी।' हम कहते हैं—'सम्भव है, वह इस तरह घटी हो, लेकिन वह दूसरी या तीसरी तरह भी घट सकती थी। यह कारण है कि हमारे उपन्यासों में आपको कोई एक स्थिर या बना-बनाया केन्द्रबिन्दु नहीं मिलेगा, क्योंकि वास्तव में ऐसा केन्द्रबिन्द्र सिर्फ़ लेखक की मानसिक उपज है—यथार्थ में—उसके लिए कोई जगह नहीं।"

रॉब्ब प्रिये ने इसी समस्या को एक दूसरे कोण से भी छूने की कोशिश की : "पुराने उपन्यास में एक भ्रान्तिपूर्ण वस्तुस्थिति उत्पन्न की जाती थी। लेखक दुनिया और वस्तुओं के सम्बन्ध में प्रश्न पूछता था और अपने पात्रों और स्थितियों को इस तरह घड़ता था, जिनके माध्यम से वह स्वयं उन प्रश्नों का उत्तर दे सके। किन्तु ये 'उत्तर' उसके पास पहले से ही तैयार थे और प्रश्न भी इन्हीं बने-बनाए उत्तरों से उत्पन्न होते थे। उन्हें यह नहीं मालूम था कि 'वस्तुओं की दुनिया' को उनके उत्तरों के प्रति कोई जिज्ञासा नहीं, क्योंकि वह अपने में स्वतंत्र है और लेखक अपनी कसौटी से उन्हें नहीं नाप सकता। वस्तुएँ प्रश्न नहीं पूछतीं, न ही उत्तरों की अपेक्षा रखती हैं। वे सिर्फ़ हैं। जिस क्षण कोई लेखक उनमें अपनी भावनाएँ और अनुभूतियाँ भरने की कोशिश करता है ('उदास शाम' या 'हँसती लहरें'), उसी क्षण वे झूठी पड़ जाती हैं। वे अपने में न अच्छी हैं, न बुरी; सुन्दर हैं, न असुन्दर; नैतिक हैं, न अनैतिक—लेखक स्वयं अपनी नैतिकता और सौन्दर्य-दृष्टि उन पर थोपता है, जो ग़लत है, क्योंकि वस्तुएँ हमसे किसी भी 'मूल्यांकन' की अपेक्षा नहीं रखतीं। हम वस्तुओं के लिए हर प्रकार के विशेषण को निरर्थक समझते हैं। नये उपन्यास में 'वस्तुओं की दुनिया' को निपट वस्तुगत, तटस्थ रूप से

पहचानने की कोशिश की गई है, भावनात्मक अथवा 'मानवीय' स्तर पर नहीं। यह पहचान वस्तुओं के साथ 'रागात्मक' सम्बन्ध स्थापित करने पर नहीं आ सकती, क्योंकि वस्तुएँ बिना इस सम्बन्ध के भी जीवित रहती हैं। वस्तुओं की दुनिया में प्रवेश करने के लिए लेखक को उतना ही 'वस्तुगत' बनना पड़ेगा, जितनी वस्तुएँ स्वयं हैं। पुराने उपन्यास में वस्तुओं के 'अर्थ' और 'महत्त्व' का विश्लेषण किया जाता था। हम सिर्फ़ उनका 'वर्णन' करते हैं, जो अपने में बहुत कठिन काम है, किन्तु यह काम ही नये उपन्यास को सही अर्थों में 'नया' बनाता है।"

अन्त में प्रश्नों का उत्तर देते हुए रॉब्ब ग्रिये ने कहा कि उनकी पुस्तकों के पाठकों की संख्या उत्तरोत्तर बढ़ रही है। अतः यह कहना ग़लत है कि 'नये उपन्यासकारों को सिर्फ़ नये उपन्यासकार ही पढ़ते हैं।' यह उल्लेखनीय बात है कि सार्गाँ की पुस्तकें शुरू-शुरू में बहुत लोकप्रिय हुई थीं, लेकिन समय गुज़रने के साथ उनकी लोकप्रियता बहुत कम हो गई है। 'नये उपन्यास' के साथ बिलकुल उलटी चीज़ हुई है। आरम्भ में उसके इने-गिने पाठक थे, लेकिन धीरे-धीरे उसकी लोकप्रियता इतनी अधिक बढ़ गई है कि आज उनके उपन्यासों के अनुवाद न केवल यूरोप की लगभग समस्त भाषाओं में होते हैं, बल्कि एशिया और अफ्रीका की अनेक भाषाओं में भी, जिन्हें वे स्वयं नहीं पढ़ पाते।

सार्त्र की आलोचना का उत्तर देते हुए ("रॉब्ब ग्रिये की पुस्तकों का उस दुनिया में कोई महत्त्व नहीं, जहाँ लाखों बच्चे रोज़ भूख से मर जाते हैं।"—सार्त्र) उन्होंने कटाक्ष-भरे स्वर में कहा, "मैं समझता हूँ—सार्त्र की अपनी पुस्तकें भूख से मरते हुए बच्चों की ज़्यादा मदद नहीं करतीं। वास्तव में सार्त्र का विरोध नये उपन्यास से उतना नहीं जितना मात्र 'साहित्य' शब्द से है। वह साहित्य को सशंकित दृष्टि से देखते हैं। यह शायद इसलिए कि उन्हें स्वयं अपनी पुस्तकों—उपन्यासों—की श्रेष्ठता पर सन्देह है। यदि उनकी पुस्तकों को 'साहित्य' की संज्ञा दी जाए,

तो सार्त्र को स्वयं बहुत बुरा लगेगा, क्योंकि कहीं भीतर वह यह जानते हैं कि वह अच्छे साहित्यकार नहीं हैं। मुझे लगता है कि यदि साहित्य की जगह उन्हें दर्शन या विज्ञान पर नोबेल पुरस्कार दिया जाता, तो उसे स्वीकार करने में उन्हें आपत्ति नहीं होती।"

साहित्यकार की प्रतिबद्धता का उल्लेख करते हुए रॉब्ब ग्रिये ने एक उदाहरण दिया। "अल्जीरियन युद्ध के समय मैंने भी अन्य फ्रांसीसी लेखकों के साथ विरोध-पत्र पर अपने हस्ताक्षर किये थे। उसके कुछ समय बाद ही मैंने रेसने के साथ मिलकर 'लास्ट इयर इन मरियनवाद' फ़िल्म बनाई। सार्त्र को इन दोनों बातों में एक अजीब-सा विरोधाभास दिखाई दिया। अपने एक लेख में फ़िल्म की आलोचना करते हुए उन्होंने आश्चर्य प्रकट किया कि रॉब्ब ग्रिये एक तरफ़ अल्जीरियन युद्ध का विरोध करते हैं, दूसरी तरफ़ एक ऐसी फ़िल्म बनाते हैं जिसमें अल्जीरिया का ज़िक्र तक नहीं। एक फ्रेंच नागरिक की हैसियत से मेरे लिए अल्जीरिया एक जीवन्त समस्या थी, किन्तु एक लेखक की हैसियत से मेरे लिए उसका कोई महत्त्व—कलात्मक महत्त्व नहीं था। एक लेखक के रूप में मेरे लिए बहुत-सी अन्य समस्याएँ जीवन्त और महत्त्वपूर्ण हैं, जो शायद नागरिक की दृष्टि में गौण जान पड़ें। उलझन उसी समय उत्पन्न होती है, जब हम इन दो 'कर्तव्यों को अलग-अलग तरह से नहीं स्वीकार कर पाते।'

"लेकिन यह बहस रात-भर चल सकती है"—रॉब्ब ग्रिये ने हताश भाव से मेज़ पर बिखरे प्रश्नों की पुरज़ियों को देखते हुए कहा—"और मैं नहीं समझता आप सब लोग इस हॉल में मेरे साथ सारी रात बिताना चाहेंगे।" उन्होंने मुस्कराते हुए अपनी इंटरप्रेटर को देखा जो शायद इस पसोपेश में पड़ी थीं कि वह उनके अन्तिम वाक्य का अनुवाद करे या वैसे ही छोड़ दे। रॉब्ब ग्रिये ने उनसे क्या कहा, मैं नहीं सुन सका, क्योंकि कुछ ही देर में लड़के-लड़कियों की भीड़ ने उन्हें घेर लिया था।

# सौन्दर्य की छायाएँ

ऐसा कई बार होता है कि स्मृति—किसी घटना की स्मृति—मिट जाती है, केवल शब्द रह जाते हैं। वे अलग हवा में झूलते हैं। मुझे ऐसे शब्द इकट्ठा करने का शौक़ है। मुझे यह सोचना अच्छा लगता है कि इन शब्दों को दुहराने मात्र से वे घटनाएँ याद नहीं आएँगी, जिनको लेकर वे बने थें। वे अलग हैं, घटनाएँ अलग हैं, कम-से-कम मैं इन्हें अलग रखना चाहता हूँ, ताकि दोनों बिना एक-दूसरे को विकृत किये मेरे भीतर संग-संग जी सकें, क्योंकि मैं जानता हूँ कि कोई भी शब्द इस घटना के तात्कालिक सत्य, उसकी धड़कन, उसके गर्द और पसीने को नहीं घेर सकते, जो बीत गया है।

स्मृति को बिना शब्दों के सहारे पुनर्जीवित करना, हूबहू वैसे ही जैसे वह उस क्षण थी, जब उसके शब्द नहीं बने थे, एक ऐसा मौन है जिससे कला का जन्म होता है...ज़ोन ऑफ़ साइलेंस।

यह स्मृति अपने में एक खिड़की है—बाहर और भीतर को जोड़ती हुई। बाहर का विश्व बहुत दूर-दूर तक फैला है। वहाँ धूप है, हवा है और आकाश का अथाह मौन है। लगता है, उस मौन की अपनी एक लय है। हर खिड़की से बाहर झाँकती हुई आँखों की परिधि में जितना मौन सिमट आता है, उतने ही घेरे में वह लय मुखरित हो जाती है—चाहे वह आर्किटेक्चर में हो, या पेंटिंग में—और मौन को समेटने की प्रक्रिया में फ़ार्म (क्लाइव बेल ने जिसे 'सिगनिफ़िकेंट फ़ार्म' कहा है) का आविर्भाव होता है। यहाँ से कला की—हर कला की कहानी शुरू होती है। मौन ख़त्म होता है।

फिर कुछ छायाएँ भी हैं—फ़ार्म से बाहर, कंटेंट से अछूती—इनकी अपनी अलग ख़ामोशी है। वे इतिहास की, यथार्थ की इस्पाती अनिवार्यता से कभी नहीं बँध पातीं। उनके लिए उनके निजी रिश्ते ही सब कुछ हैं उनमें ही उनकी नियति निहित है। उनके अपने अलग कमरे हैं, अलग कोने हैं। रात की अँधेरी सीढ़ियों पर क़दम रखते हुए वे ठिठक जाती हैं—बन्द ताले की चाबी, दीवार पर लैम्प-पोस्ट का हल्का-सा आभास, कुछ बातें जो दुपहर को सड़क पर चलते हुए की थी, एक निगाह और हल्का, बहुत हल्का-सा कम्पन, ग़लतफ़हमी—जिसे कोई साफ़ नहीं करेगा और वह हँसी जो अब तक कानों में गूँज रही है—ये सब और इनके अलावा और भी बहुत कुछ कुल एक दिन की पूँजी है। कोई भी क्रान्ति, कोई भी निज़ाम इस पूँजी को हमसे नहीं छीन सकेगा। वर्जीनिया वुल्फ़ की मिसेज़ डैलोवे, पास्तरनाक की लॉरा—ये नॉवेल के चरित्र हैं, किन्तु ऐसे चरित्र नहीं जिन्हें आलोचक 'हाड़-मांस के जीवन्त कन्विंसिंग चरित्र कहते हैं (गोष्ठियों में, साहित्यिक विवादों में)। इस अर्थ में वे शायद 'असफल' हैं। वे अपनी नियति के आगे बिलकुल अकेले हैं, विश्व और अ-विश्व की सीमा पर अशरीरी छायाओं से घूमते हैं। किसी भी समाज, किसी भी दृष्टिकोण का पासपोर्ट उनके पास नहीं है।

ये पात्र हमें, आपको बाज़ार की भीड़ में, खिड़की के बाहर फैले विश्व में नहीं मिलेंगे। वे बहस नहीं करते। उनका मौन पियानो के भीतर का मौन है। हर चरित्र एक छोटा-सा 'नोट' है, एक मौन-बिन्दु से दूसरे मौन-बिन्दु तक उड़ता हुआ—प्रतीक्षारत। वे प्रतीक्षा करते हैं, अँगुली के स्पर्श की, हल्के-से दबाव की और इस दबाव के अनेक स्तर हैं, अनेक सीढ़ियाँ हैं।

मौन की चिरन्तन 'स्थिति' से अमूर्त लय को बाहर लाने के लिए अँगुली का दबाव (हर व्यक्ति इस दबाव को महसूस करता है और ख़ुद इसका 'विटनेस' भी है)! हर कहानी और कहानी की हर पंक्ति, अपने में यथार्थ की विटनेस है, इसलिए उससे अलग है। कोई भी कहानी या कलाकृति—इस अर्थ में यथार्थवादी नहीं होती, हो ही नहीं सकती।

हर शब्द एक छोटा-सा 'एब्स्ट्रेक्शन' है। वह ज़िन्दगी के बेडौल लोंदे को तराशता है, उसमें एक नई गति फूँकता है। यह गति उससे अलग है, जिसे हम 'वास्तविक जीवन' के नाम से पुकारते हैं, और न ही वह इस जीवन का एब्स्ट्रेक्शन है। जीवन-बिन्दुओं को जोड़ती हुई जो नीरव लय बहती है, शब्द उस लय का एब्स्ट्रेक्शन है।

जब हम अपनी कहानी में लिखते हैं, 'वह सितम्बर की एक शाम थी—मैं उस सूनी सड़क पर चला जा रहा था,' तब इस पंक्ति के लिखे जाने के एकदम बाद कुछ ऐसा हो गया है, जो उस शाम से बाहर है, उस सूनी सड़क से अलग है। वह 'मैं' उस व्यक्ति से अलग हो गया है, जो उस शाम सड़क पर चल रहा था। इस वाक्य का अपना एक अलग एकान्त है, जो उस शाम की सूनी सड़क से अलग है। शब्दों ने उस शाम को मूर्त करने की प्रक्रिया में अपनी एक अलग मूर्ति गढ़ ली है, जिसकी नियति उस व्यक्ति की नियति से भिन्न है, जो 'मैं' हूँ।

असली जीवन में वह शाम 'अधूरी' है। जो व्यक्ति सूनी सड़क पर चल रहा है, उसका अस्तित्व कम-से-कम उस शाम के लिए असम्बद्ध है, नियतिहीन है, 'अनकमिटिड' है। वह कुछ क्षणों में ही उस सूनी सड़क

को पार कर लेगा और हमारी आँखों से ओझल हो जाएगा। कोई भी कलाकृति इस बिन्दु से, यथार्थ से अलग हो जाती है। वह उस व्यक्ति को आँखों से ओझल नहीं होने देती—सितम्बर की वह शाम बीतकर रात नहीं बनती। उस स्थिति को तात्कालिक सत्य से सम्पृक्त करने के लिए, यथार्थ से जुदा करना आवश्यक हो जाता है। इसीलिए कुछ देर तक वह आदमी, वह शाम, वह सूनी सड़क स्तब्ध-से ठिठके रहते हैं—समय और स्पेस की सीमाओं से बाहर। यहीं लेखक का 'एस्थेटिक एडवेंचर' शुरू होता है।

यही कारण है कि कोई भी कलाकृति पूर्ण रूप से फ़ार्मलिस्ट नहीं होती, पूर्ण रूप से यथार्थवादी नहीं होती, हो ही नहीं सकती।

वास्तविक जीवन में सब कुछ बीत जाता है, बह जाता है। एक निगाह है, जो कुछ दूर जाकर रुक जाती है; कुछ शब्द हैं, जो हमेशा के लिए अनकहे रह जाते हैं। आज इस क्षण हमारे भीतर एक भावना है, जो बेहद इंटेंस है, बेहद ईमानदार है; आज हम उसके संग दूसरे छोर तक जा सकते हैं। कौन जानता है, कल उसका ज्वार नहीं उतरने लगेगा और वह दूसरी क्षुद्र, बासी भावनाओं के नीचे दम नहीं तोड़ देगी। यह यथार्थ की सीमा है—हर लेखक इस सीमा को अस्वीकार करके लिखता है। क्योंकि वह सोचना चाहता है कि सितम्बर की इस शाम में कुछ ऐमा है जो नहीं बीतेगा, यह सूनी सड़क अगले चौराहे पर जाकर खो नहीं जाएगी, और उस पर चलता हुआ व्यक्ति कुछ ऐसा कह सकेगा, जो कम-से-कम उस शाम के लिए उसकी नियति को उजागर करने में समर्थ होगा। हम चाहते हैं, कि वह कुछ 'कमिट' करें ताकि हम उसके अतीत के धागों को पकड़ सकें, उसकी नियति की एक झलक पा सकें। महज़ एक शब्द, एक संकेत उसे यथार्थ से उठाकर 'सत्य' की ओर खींच लेने में समर्थ है। महज़ कोई भी शब्द नहीं, एक 'सिगनिफ़िकेंट' शब्द महज़ कोई भी संकेत नहीं, एक 'सिगनिफ़िकेंट' संकेत।

और तब...लेखक की तटस्थता टूटती है, उसका कमिटमेंट आरम्भ होता है। किन्तु कमिटमेंट उसका किसी बाह्य सामाजिक सत्य से न होकर, अपने से, केवल अपने से है। और हर लेखक अपने इस कमिटमेंट में बिलकुल अकेला है (अगर वह लेखक है)।